国家“十三五”重点出版物出版规划项目

乡村振兴中的学校发展
乡村校长培训丛书

丛书主编　杨小微

RURAL

EDUCATION

RURAL

TEACHER

如何对待儿童

乡村学校教育的公平视角

主　编——杨小微　张　萌

副主编——冉　华

华东师范大学出版社
·上海·

图书在版编目（CIP）数据

如何对待儿童：乡村学校教育的公平视角 / 杨小微，张萌主编. — 上海：华东师范大学出版社，2022
（乡村教育培训系列. 16）
ISBN 978-7-5760-2114-1

Ⅰ. ①如… Ⅱ. ①杨… ②张… Ⅲ. ①乡村教育—研究—中国 Ⅳ. ①G725

中国版本图书馆CIP数据核字（2022）第109975号

如何对待儿童
——乡村学校教育的公平视角

主　　编　杨小微　张　萌
责任编辑　刘　雪
责任校对　王　琳　时东明
装帧设计　俞　越

出版发行　华东师范大学出版社
社　　址　上海市中山北路3663号　邮编 200062
网　　址　www.ecnupress.com.cn
电　　话　021-60821666　行政传真　021-62572105
客服电话　021-62865537　门市（邮购）电话　021-62869887
地　　址　上海市中山北路3663号华东师范大学校内先锋路口
网　　店　http://hdsdcbs.tmall.com

印 刷 者　常熟市文化印刷有限公司
开　　本　787×1092　16开
印　　张　11.25
字　　数　178千字
版　　次　2022年7月第1版
印　　次　2022年7月第1次
书　　号　ISBN 978-7-5760-2114-1
定　　价　35.00元

出 版 人　王　焰

"乡村振兴中的学校发展"丛书
编委会

本书编委

杨小微　张　萌　冉　华　杨　婷　李学良

总　序

中国教育现代化的短板之一在乡村教育，源于众所周知的历史原因；乡村振兴不能没有乡村教育的振兴，这是由教育与社会的关系所决定的；乡村教师和校长的专业发展到了不容忽视的时期，则是我们必须要正视的现实。

国家近期出台的重大教育政策乃至国家发展战略对乡村教育提出了明确要求：2018年《中共中央国务院关于实施乡村振兴战略的意见》提出了“优先发展农村教育事业”以及“统筹配置城乡师资，并向乡村倾斜，建好建强乡村教师队伍”等要求；中共中央、国务院印发的《中国教育现代化2035》要求“实施乡村振兴战略教育行动”；而《中共中央国务院关于全面深化新时代教师队伍建设改革的意见》也明确提出了“重点开展乡村中小学骨干校长培训和名校长研修”“深入实施乡村教师支持计划”和“优化乡村青年教师发展环境，加快乡村青年教师成长步伐”等部署，表达了党和政府对振兴乡村教育的高度重视和坚定的决心。

振兴我国乡村教育，也是乡村学生、家长、教师共同的需要。乡村学生需要优秀的乡村教师和校长，需要高质量的学校教育；乡村家长需要值得信任、能够开展创造性合作的乡村教师与校长；乡村教师和校长的职业生命与专业生活同样需要有品质的提升。

振兴乡村教育，更是关注我国基础教育优质均衡发展的研究者义不容辞的责任。我们的研究团队多年来扎根中国教育大地，深耕基础教育改革与发展领域，持续投入乡村教育研究。我们不仅奔赴云南、广西、江西、河南、安徽、湖北、甘肃、新疆等地开展了大量的调查研究，而且深度参与了乡村教育的发展过程，开展了大量的乡村教师与校长培训活动，推动了许多乡村学校的发展，努力促进教育现代化的乡村样板学校和地区的形成。

这样的努力一直在持续，而本系列丛书，就是我们对乡村教育研究成果的阶段性小结，也是我们面向乡村教育发展的未来而不懈探索的智慧结晶。

“乡村振兴中的学校发展”丛书分为“乡村校长培训”和“乡村教师培训”两个系列，分别由杨小微教授和李家成教授担任总主编，每个系列都由八本著作构成。“乡村校长培训”系列涵盖乡村学校公平、课程、规划，乡村教师专业发展，乡村学校信息化、评估，乡村校社合作，乡村校长领导力等内容。“乡村教师培训”系列涵盖乡村语文、数学、英语、综合学科教学，乡村教师科研，乡村班级建设，乡村学生心理辅导，乡村教师人际沟通等内容。我们依托华东师范大学基础教育改革与发展研究所、上海终身教育研究院的学术资源，汇集了华东师范大学、复旦大学、西北师范大学、云南师范大学、华中科技大学、东北师范大学、上海师范大学、浙江大学等高校的科研人员，组成实力雄厚的编委会及作者队伍，参与丛书编写的成员均具有扎实的理论基础和丰富的教学经验。

我们期待这套丛书能够成为乡村教师与校长的培训教材、乡村学校变革的指导手册、开展乡村教育研究的参考书。我们期盼这套丛书的出版与发行，能为乡村教师和校长助力，让乡村学校变革不断获得新的力量；能为乡村教育研究助力，让中国乡村教育研究不断生成新的理论；能为中国教育现代化助力，让中国乡村现代化与乡村教育现代化迈上互生共长的新台阶。

华东师范大学　杨小微　李家成

2019年5月22日

前 言

本书特为坚守在乡村教育第一线的所有校长和教师而作，意在与大家分享教育现代化进程中，尤其是城镇化进程中，以公平和优质的理念办好老百姓家门口理想学校的成果经验与心得体会。

公平是教育现代化孜孜以求的核心价值之一，相对于教育资源和学习机会均等配置的“起点公平”，乡村学校的教育公平属于“过程公平”范畴，也是发生于学校内部的公平。完整理解的公平不仅仅是“平等”，而应包含三层意蕴：一是对所有的人平等对待；二是对不同的人差别对待；三是对有特殊需求的人特别优待。它体现在师生关系上，第一种对待即“有教无类”，第二种对待即“因材施教”，第三种对待可以视为“各得其所”。相比由行政维度来以政策和投入解决“起点公平”的问题，“过程公平”能否实现，取决于每一位教师能否公平对待每一位学生，因而在难度上是怎么高估都不为过的。

自改革开放以来，“效率优先，兼顾公平”成为普遍的社会理念，因而对成绩和效率的重视远远超过对公平的关注，无论城乡皆是如此。根据我们的调查和相关研究文献，广大校长和教师对于公平能否作为学校课程与教学改革的重心，基本上是“理解不全、信心不足、办法不多”。鉴于新世纪以来，一些重要的教育政策文件开始关注“公平”与“均衡”，从“有学上”到“上好学”再到“上称心如意的学”，将逐渐成为基础教育改革的基本趋势，学校内部公平也将成为包括乡村学校在内的所有学校改革与发展的新的价值取向。所以，我们认为有必要以某种“读本”和“培训材料”的方式，为广大乡村学校的校长和教师提供一个可参考、可模仿、可移植和改造的范本。

本书共呈现了五个专题，分别阐述、讨论和提示五个相关的教育公平主题，即：公平内涵，有教无类，因材施教，各得其所，外部支持。“公平内涵”这一专题重点解决学校内部公平为什么是一种过程公平的认识问题，尽管理论性强，却通过提问、案例及其评析，尽力使之容易被理解。专题二“有教无类”意指对所有学生平等对待，是教育公平的基础层面。专题三“因材施教”则指对不同的学生有差别地对待，是教育公平的跟进层面，也是理解公平的难点。“有教无类”与“因材施教”合起来才是教育公平的完整涵义，即“有差别的平等”。专题四的“各得其所”，专指对有特殊教育需求的学生要特别优待，这对乡村学校来说尤为重要，也尤其困难。专题二、专题三和专题四是学校内部公平的实质性内容，本书尽可能提供易理解、可操作的案例和提示，以发挥本书对乡村教育实践的指导作用和参考价值。最后一个专题“外部支持”，是实施平等对待、差别对待、特殊优待进而推进乡村学校教育公平的基本保障，也有必要尽量了解、悉心体会和应用。本书最后的附录，是本书作者的一项关于学校内部公平指数的研究，其内容和结论，可与本书正文的论述相互参详。

教育公平从理想变为现实，有漫长的路要走，除了每一位教育利益相关者的不懈追求与恒久努力，还需要全社会的理解、认同和支持。我们相信，只要认准方向、倾心探索、坚持不懈，一定能让我们的乡村学校焕发出崭新的气象。

2021年7月29日识于苏州河畔清水湾

本书系国家社会科学基金“十三五”规划2017年度教育学
重大招标课题

《我国教育2030年发展目标及推进战略研究》（VGA170001）
阶段性成果

目　录

专题一

学校公平是一种过程公平

天公平而无私,故美恶莫不覆;地公平而无私,故小大莫不载。

——《管子·形势解》

导　入

以下选项您认为哪些是属于教育公平范畴，哪些是属于学校公平范畴？

[1]生均经费分配　　[2]座位安排

[3]学校/班级岗位设置　　[4]教育课堂提问分布情况

[5]教师的期待效应　　[6]进城务工子女享受教育情况

[7]城乡条件均衡化　　[8]提供多样化教育情况

[9]困难学生获得额外帮助　　[10]不同区域的义务教育完成率

[11]生均校舍面积　　[12]生均图书馆、实验室、仪器设备拥有量

教育公平：

学校公平：

一、问题引出：教育公平的概念辨析

20世纪90年代以来，关于教育公平的论述汗牛充栋，数不胜数，然而并没有达到教育公平共识性的概念理解。比如，从伦理学的角度，将教育公平界定为对一个政治共同体中的各类行动主体（个人、家庭、学校、国家等）通过行动造就出来“好的”或者说“正义的”秩序的一种概括。[①]从经济学的视角，更多的是将教育公平和教育资源配置结合起来，教育公平就是指国家对教育资源进行配置时所依据的合理性的规范或原则。[②]从法学的视角，是将教育权利视为一种基本的人权，关注受教育权利的平等实现及法律政策保障的问题。但即便穷尽教育公平所有可能的概念表达，仍然难以准确把握教育公平的实质。为此，只有在与教育公平相近概念的对比中，才能清晰教育公平的概念边界和外延，逐渐接近其本质，这类相近概念包括：教育平等、教育均衡、教育均等和教育公正。

① 李森有．论教育公平与教育立法的权威——以农民工子女教育的相关立法为例的研究[J]．社会科学战线，2010(7)：200.
② 朱金花．教育公平：政策的视角[D]．吉林：吉林大学，2005：5.

第一，教育平等与教育公平。“平等”最初来源于梵语，众生皆平等。在教育领域，平等主要是指公民依法享有平等的受教育权利或权益。1995年颁布的《中华人民共和国教育法》第九条规定：“中华人民共和国公民有受教育的权利和义务：公民不分民族、种族、性别、职业、财产状况、宗教信仰等，依法享有平等的受教育机会。”在《教育大辞典·教育哲学卷》中对“教育平等”的解释是：人们不受政治、经济、社会地位和民族、种族、信仰及性别差异的限制，在法律上都享有同等受教育的权利。[①]因此，教育平等着重强调教育权利的平等。但这种原则上的诉求处理不了实际上的不平等，比如“择校热”、教师对好学生的期待效应等，这都需要用公平的理念进行纠正。可以说，教育平等是起点上的平等，而教育公平不仅包含了起点上的公平，还包括了过程中的公平和结果上的公平。

第二，教育均衡与教育公平。“均衡”在使用上达成了一个共识，大多是用来指涉义务教育阶段的教育公平，对于非义务教育阶段，很少用教育均衡来形容。“均衡”最初出现在《素问·五常政大论》中：“升明之纪，正阳而治，德施周普，五化均衡。”其中“均衡”的意思是“平衡”。当提出义务教育均衡化时，这实际上是在表达义务教育作为一种准公共产品，政府有义务提供均衡化的公共服务，以缩小区域、校际间的教育差异。

第三，教育均等与教育公平。“均等”是指相等，强调数量、品质、程度上的一致和相等，但“均等”分配，即给每一个人一样的对待不一定是公平的，比如对能力层次不同的学生布置一样的作业或者强制兴趣不同的学生修习一模一样的课程。“均衡”假设要作为公平的一个理念，需要有其限制条件，只能谈论权利、机会的均等，常用的表达是“教育机会均等”，比较具有代表性的是科尔曼和胡森对教育机会均等的阐述。科尔曼有关教育机会均等的概念，不仅强调给所有儿童提供同样的教育机会，也强调教育结果的均等。胡森解释教育机会均等具有三个不同的层次：第一，每个人都不受任何歧视地开始其学习生涯的机会（起点均等论）；第二，以平等为基础对待不同人种和社会出身的人（过程均等论）；第三，促使学业成就的机会平等（结果均等论）。[②]由此可看出，教育机会均等不仅局限于入学机会的均等，还包含了重视学生的差异性和

① 顾明远. 教育大辞典·教育哲学卷[M]. 上海：上海教育出版社，1992：100.

② 刘尧. 教育公平研究综述[J]. 交通高教研究，2002(4)：98.

结果的均等。

第四，教育公正与教育公平。“公正”的英文表达为justice，词根为jus，基本意思是“法”，在古时作为判断的标准，现在被理解为“公平正直，没有偏私”。“公平”是指处理事情合情合理，不偏袒某一方或某个人。尽管人们很容易把“公正”和“公平”当作同义词来理解，但是两者还是有细微的差别。“公正”立足于社会整体利益，是社会的基本价值取向，而“公平”更多是个体之间或群体之间利益的均衡分配。也就是说，很可能出现这样的情形：公正的事一定是公平的，而公平的事不一定是公正的。教育公正是符合社会整体利益的，涉及教育资源通过制度适度调节表现出既合理又公平的价值取向，其核心是教育制度的正义性。[①]而教育公平关乎教育活动中操作层面的事情，给相同的人以相同的对待，给不同的人以不同的对待。

因此，在与相近概念的辨析中，教育公平的概念逐渐清晰，但同时也要意识到这个概念的复杂性，需要从多类型、多层次来理解教育公平。当下，教育公平主要有三种形式：起点公平、过程公平和结果公平。教育起点公平，是指每个人不受性别、种族、出身、经济地位、宗教信仰的影响，都有均等的入学机会，体现“有教无类”；教育过程公平，即考虑以平等为基础的各种不同的方式来对待每一个人，体现“因材施教”；教育结果公平，即争取使每一个学生都能有效利用社会提供的教育机会，取得学业上的成功，从而为其未来发展创造条件。[②]因此，教育起点公平是条件，教育过程公平是保证，教育结果公平是目标。

二、理清层次：教育公平的三个层次

教育公平的话题由来已久，早在20世纪初期，由于科举制度的废除，旧的乡村教育体系逐渐崩溃，贫困的农村子弟失去了上学的机会，城乡的教育差距进一步扩大。到了20世纪50年代，教育主要是为工农阶级服务，相关政策中明确规定要把正规教育与工农速成教育、业余教育、成人教育放在同等重要的位置，其政策导向是要保证广大工农群众享有教育权利。1986年，开始实行九年义务教育制度，教育公平的基本主题由教育权利平等转变为通过普及和扩大教

① 冉隆锋．“教育公平”辨析［J］．基础教育研究，2011(3)：3—4.
② 马晓燕．关于教育公平的现实选择之我见［J］．教育与经济，2000(2)：31.

育，追求教育机会均等。[①]教育公平的关注点一直在不断变化，因时代背景的不同呈现出不同的公平主题，因此，理解教育公平首先要理清层次。从总体来看，教育公平主要有三个层次，如图1-1所示。

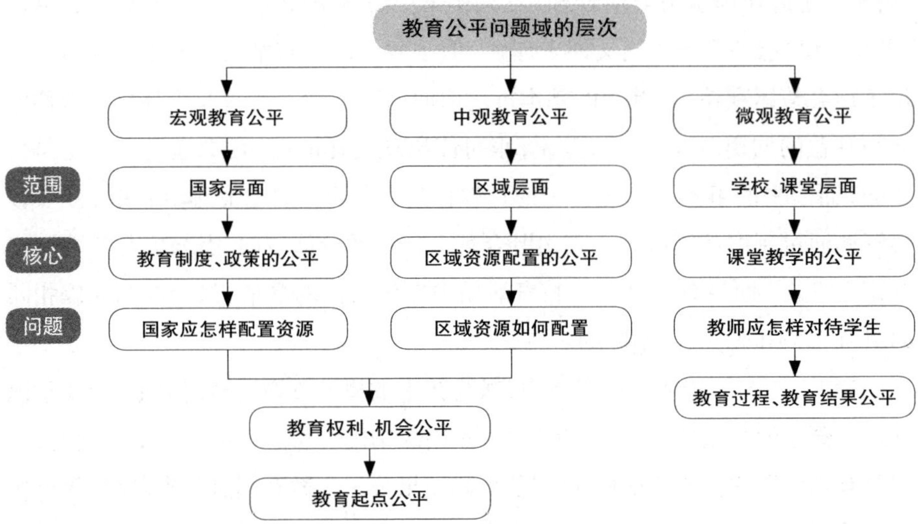

图1-1　教育公平的三个层次

教育公平可分为宏观、中观和微观三个层次，不同层次对应不同的范围，属于不同的问题域。宏观层次的教育公平主要是在国家层面，通过制定教育政策、制度，以公平原则来分配国家的资源，具有整体的导向性和操控性，直接决定中观和微观层次的教育公平能否实现。中观层次的教育公平体现在区域之间、校际之间，在我国表现为东、中、西部三大块区域之间教育资源的公平分配。而微观层次的教育公平则落脚于每一所学校中，学生在每一日的课堂教学中能否得到公平公正的待遇是其核心问题。宏观、中观层次的教育公平更多包含“物”（资源）的含义，属于分配性的公平，是社会公平的组成部分，具有社会公平的一般属性。因此，有人将这两个层次统称为教育系统整体的公平，属于社会问题。微观层次的教育公平更倾向于学生个体所感受到的教育公平与教育意义的回归，具有体验性和个体性。国家—区域—个人教育公平从虚到实，从大到小，以促进每一个学生的最大发展为目的。

---

① 杨东平．从权利平等到机会均等——新中国教育公平的轨迹[J]．北京大学教育评论，2006(2)：2—11.

图1-1清晰呈现了宏观、中观和微观三个层次的教育公平在范围、核心和问题三方面的差异，这些差异是理解学校公平的切入口。相较而言，学校公平主要有以下几个特点：第一，领域的微观转向。教育公平从国家和区域层面转移到学校层面，课堂是其重点。教师在课堂中是如何对待每一位学生？学生在学校中享受到了什么样的教育？这种种追问只有回归学校与课堂才能找到答案。第二，以学生为中心，促进每一个学生得到适合于自己发展的教育是过程公平的落脚点。如特长生能够有获得优质教育资源的机会，处境不利的学生群体（贫困生、残疾儿童、父母离异的学生、留守儿童）能够得到适当的补偿，学生的个体差异能得到尊重。第三，关系问题是过程公平集中要解决的问题，教师与学生之间、学生与学生之间、男生与女生之间、不同学生群体之间的关系是学校公平关注的重点。因此，学校公平的实质是过程公平。

案例1-1

教育教学中不公平的现象

学生A的故事：为了学校的演讲比赛，我从网上下载了资料进行认真准备，并且一遍一遍地修改，希望能取得好成绩。可是，当别人上台时我才发现他们的稿子有很多雷同的地方。后来我才知道他们是直接去网上下载的，演讲比赛变成了朗诵比赛，我这么努力，可老师却只给了我第三名，参加这样不公平的比赛真让我伤心，将我的努力和别人的投机取巧混为一谈了。

学生B的故事：数学老师按照上学期期末考试的成绩把我们分成A、B、C三个等级（A代表分数低，B代表分数中等，C代表分数高）布置作业，分数越低作业越多。因为我是A类学生，所以老师布置了很多作业。我每天都要做很多作业，为什么分数低就要做这么多作业？

假如您是故事中学生的老师，您会如何处理？

....

....

....

评析 教育教学中评价学生或分配作业不得当，很容易让学生产生不公平感。公平感具有很大的个体差异性，上述案例反映出两个问题：一是过程公平需要考虑学生的公平感受吗？二是教育教学过程中如何对待学生才是公平的？

三、把握转向：过程公平的面面观

理解学校公平的关键在于理解过程公平。学校中也有教育资源的分配问题，资源分配是宏观教育公平的核心问题，但对于学校公平而言，这只是起点和底线保障，更为核心的是如何处理好学生差异的问题。

（一）学习机会向所有学生开放

学习机会是教育过程公平的一个重要分析元素，是指学生在教育过程中能够接触到的学习资源，具体包括：以实物为载体的图书馆、多媒体、仪器设备、电脑配备、实验室等资源；以课程或知识内容为载体的教育资源；以班级岗位为载体的教育资源；以人为载体的能够胜任教学的教师队伍；通过座位安排、课堂布置而呈现的教育资源等。这些资源几乎囊括了学生发展所需要的全部资源，以支撑学生的顺利学习，同时这些资源也是构成学生校内外学习的必需条件。因此，学习机会应该向学校所有学生开放，一方面意味着不因学生的性别、地域、家庭、文化背景而有所差别，如图书馆资源，学校的学生身份便是获得该资源的通行条件，不应有其他的附加限制；另一方面也意味着学生有自由选择的机会和权利。但这只是过程公平的规定性条件，其实质则体现在如何处理学生的差异，以更好地推动学生差异性的优化发展。

案例1-2

南城小学"菜单式"课程改革，满足学生的个性发展需求

2011年，"菜单式"课程改革首先在南城小学的三年级试点进行，共开设了12个"菜单"。学校除了挖掘本校教师资源的"国学""愉快书法""走进黄岩""金剪刀""高跷""趣味数学""舞动童心""爱乐合唱""绳彩飞扬"外，还引进了外来资源"跆拳道""少年军校"共同推进课程建设。2013年，南城小学在原有"菜单式"课程改革的基础上，又实施了新一轮的课程改革，此次课程改革以尊重教师的爱好和特长、学生的兴趣和个性为基础，历时3个多月的酝酿，把"菜单式"课程改革从一个年级向全校其他年级辐射，将最初的12个"菜单"扩展到30多个"菜单"。

2015年南城小学在已经开发的成果基础上进行再整合。学校三次梳理了已开发的30多个"菜单"，并寻找课程之间的联系，重组教学资源。比如：将《弟子规》与“民间童谣”“民间折纸”等有关联的菜单合为“走进黄岩”主题课程。执教教师由原先的“一师一课程”改为“多师多课程”。在开设的课程“菜单”中，确立了10项精品课程，并将精品课程与托管班结合，使参与托管的学生能根据自己的兴趣、爱好选修精品课程。精品课程的执教教师在执教前一周的周日前，将教学内容、教学方案上交学校教导处，以便学校更好地管理与落实。

资料来源：黄岩教育信息网

评析 通过开发“菜单式”课程，尽最大可能给学生创造学习机会，以满足学生的个性化发展需求。另外，课程开设时间的增加和托管班的设置，使学生有更多自由选择的机会。

（二）学生的差异特征及其特性

教育的神奇之处在于它面临的是不一样的学生个体，而又以促进每个学生个体独特个性的发展为最终目的。这既是教育的创造性所在，也是教育的复杂性所在。在教育过程中，首先需要明白面对的是什么样的学生群体，他们有什么样的差异特征，以及如何看待他们的种种差异特征。这是分析过程公平最重要的一个着力点，同时也使得实现学生个性发展的理想追求有了依托和支撑。

1. 学生群体差异特征和个体差异特征

（1）学生群体方面。它主要是指学生群体的人口统计特征，明晰各种学生群体的数量和构成。由于学校过于强调学生的升学率，将学生群体特征过多地以成绩好坏作为划分标准，把学生划分为成绩好的学生和成绩差的学生。如果学校要摒弃这种传统划分方式，就需要更多关注学生群体的其他统计特征，如学校贫困学生、单亲家庭、少数民族学生的数量，少数民族学生的组成，有英语语言障碍、阅读障碍、概念理解障碍的学生比例，农村学生比例，学生群体的地域特征等。

（2）学生个体特征。布卢姆将差异分为习得性差异和非习得性差异。习得性差异，是可以通过教育环境改变的。这为学生差异的分类提供了一些启示。首先是一些基本的统计特征，如性别、民族、地域和家庭背景等，这些虽然与教育教学不直接相关，但也是构成学生差异特征的重要方面。其次是学生的兴趣、动机、情感、意志和态度等方面的非认知特征，是学生差异特征最重要和最为明显的一点。最后是智力水平、思维特征、学习风格和学习策略偏好等认知特征，也与教育教学有着密切的联系。由于这些差异特征不明显，很难把握，因而很容易被忽略。学校教育中的学生大部分处于智力中等水平，但在不同的智力类型方面有所优劣，有的在逻辑数学智力方面较强，有的则是语言智力较强。另外，学生在学习风格方面有不同的偏好，有视觉型学习者、触觉型学习者、肌肉运动学习者和触觉/肌肉运动混合型学习者。学生差异特征是重要的教育资源，对其了解和运用的程度决定了教育教学能达成的效果。但要注意到学生差异特征并非全是积极的和可用的，还存在消极的部分，如学生身体和心理方面的缺陷、单亲家庭造成的负面影响。学校对这些消极的部分也要充分了解，并对其实施一定的干预措施和纠正策略。

案例1-3

通过教育会诊分析学生的差异特征①

教育会诊是指在教学过程中，教育理论工作者会同班主任、任课教师以及家长，运用教育科学理论，分析、研究学生的生理、心理和社会特点。具体包括以下内容：第一，明确会诊的目的；第二，确定参加者，通常有班主任、各科教师、家长等；第三，由班主任和任课教师详细说明对某个学生的看法，并列举理由；第四，组织集体讨论，广泛听取各方意见；第五，共同为学生和班级写鉴定材料，确定学习不良和缺乏修养的主要原因，提出预防和克服的有效措施；第六，根据鉴定材料，对教师集体活动做出分析，改进和提高教育教学工作。

评析 学情分析在教学中的重要性逐渐被意识到，但是如何用更科学与合理的方法了解学生的差异则是令老师们头疼的问题。教育会诊集齐各方意见，重点关注学习习惯不佳的学生，并有针对性地提出改进意见，不失为一种可行的方法。

2. 学生差异的特性

学生差异的特性具有以下三个特征：第一，客观性。学生的差异无时不在、无刻不在，有的学生学习快，有的学生学习慢；有的学生擅长数学，有的学生擅

① 和学新. 试论尊重学生差异的教学策略[J]. 学科教育，2000(12): 9—10.

长语文；有的学生学习动机强，有的学生学习动机弱……而这些种种差异的存在不以人的意志为转移，也不可能因人的主观期待而有所变更或消除，正确的应对态度是承认和尊重这种客观性，弄清楚差异的根源及其形式，才有可能采取有效的教学方式。第二，层次性。世界上不可能存在两片完全相同的叶子，也不可能存在两个完全相同的人。每个人因遗传、环境和文化的不同组合而形成了一个与他人不同的、始终有着自身独特性的个体。恰好，这种差异的多样性便组成了世界的丰富多彩。作为教学者，这种差异性意味着不可重复性，也的确是教学兴奋的刺激点，但切不可因绚丽多彩而忽视了多样性中的层次性，要理性思考多层性对于教育教学的意义。学生差异的层次划分有多种维度：稳定与不稳定、积极与消极、认知与非认知、习得性与非习得性，教学者不可固守某一种，应依据教学情境、教学目的与需求灵活地看待学生的差异。第三，动态性。学生的某些习得差异可以通过教育或环境的变更有所变化，量变与质变都有可能发生，因而具有阶段性、动态性，这也就为学生的差异化发展提供了可能。

（三）过程中强调关系互动与公平体验

1. 强调师生关系互动中的交往公平

学校中不仅有关于资源分配的问题，而且有师生在日常互动中形成的多个关系圈。在教育领域中，当资源投入达到一定的程度之后，教育质量的提升就依赖于学校氛围、发展理念以及关系模式。在学校里，师生之间、生生之间民主平等的关系对教育过程公平至关重要。理想的状态是学生作为平等的参与个体进入课堂中，在与他人的交往中，平等地站在他人的面前，能够表达自己的思想，自由选择适合于自身发展的方式。但在现实中不仅存在地位和阶层之间的压迫，而且教师作为知识、权威的占有者，牵制了学生思想表达的自由；教师作为国家课程的实施者，执行统治阶级的价值选择和文化意义，规定了学生发展所能展开的空间。同样，在学生中存在着优势学生群体对弱势学生群体的鄙视和不尊重，此类种种都是课堂中民主平等关系形成的大忌。教师要充分理解自身行为对于学生的意义，基于学生的立场来修正自身的行为，达到师生之间平等、合作的关系，创造民主的关系氛围。教师还要通过对话交流等方式，尊重每个学生的差异性，维持和保证教育中非歧视原则和非压迫原则，促使建立在尊重、对话与理解基础上的异质共同体形成。

2. 强调过程中人的公平体验

宏观层次的教育公平主要体现在国家层面与区域层面，通过制定教育政策、制度，以公平原则来分配国家的资源，其核心是资源分配的问题。微观层次的教育过程公平关注学生在学校内部接受学校教育的过程中能否得到适切公平的教育，落实到教育场中的每一个人，更倾向于学生个体所感受到的教育公平，具有体验性和个体性。

四、明晰定位：学校公平的三层定位

学校是教育具体开展、师生日常互动的场所，学生能否获得适合于其自身的教育只有通过学校教育才能实现。因此，从本质上而言，学校公平是过程性和内涵性的公平问题。学习机会、学生差异和关系互动是分析教育过程公平的三个重要维度，也是理解学校公平的主要切入点。在学校，基本学习机会应该向所有学生开放，同等对待具有同样资格的人；学生差异主要应从差别对待和特别优待两个层次考虑。

（一）所有人的同等对待

学校作为正规的教育机构，其作用首先在于为进入到这所学校中的学生提供他们所需要的学习机会，学生这个身份便是作为其可以享受学校资源的条件。因此，学习机会应该向所有学生开放，此处所指的学习机会是指为了保证学生在校能够顺利学习的基本条件，如教师资源、课程内容等，并不包含为了更好发展所享用的优质资源，如教师的奖励。更通俗地说，学生身份这个唯一条件并不可以获得教师的赞赏，优质资源的分配还应包括其他的附加条件。但是学生身份这个条件却可以保障学生获得可胜任教学的教师资源。因此，基本学习条件是同等开放的，具体体现在三个方面：

1. 权利尊重

受教育权利作为一项基本的人权，受到法律的保护，不能因任何理由践踏公民的这项基本权利。学生享有学习机会的权利，是受教育权在学校的具体延伸，它作为一项基本权利应当受到尊重，同样也受到法律的保护。

2. 资格享有

资源分配说到底是由身份资格而确立的规则进行的再划分，一个合格者只要具备某项资格便可以享受与其他人同等的待遇和资源。相同资格的人能够获得相同的待遇。儿童或青少年因进入某所学校学习而获得了学生的身份，因此可以享受该学校提供的基本学习条件，不应因性别、家庭、年龄等其他条件而有所差异。

3. 自由选择

受教育权是每一个公民平等享有的基本权利，应同等地分配给具备资格的人。从严格意义上说，受教育权是公民必须要履行的义务。学校中的学习机会与其不同的一点是学生有自由选择的权利，可以选择用或不用，也可以选择此时用或彼时用。

（二）不同的人差别对待

彼得斯在《伦理与教育》中提出："没有差异就不应该有差别对待。"差异的存在是差别对待的前提条件。明晰学生的差异特征，教师便可以全面而深入地了解学生。学生的差异具有多样性，因而教师要划分不同层次予以探讨，以选择合适的应对方式。在意识层面，教师承认和尊重学生的差异，是处理学生差异要秉持的总体原则，不因差异层次的不同而有所区分；在行为层面，有些差异需要消除，而有些差异需要进一步扩大和发扬。

1. 承认和尊重学生的差异

学生差异存在的客观性要求教师具有差异意识。首先，教师要允许学生"个性"的存在，保护个性、发扬个性而不抹杀个性。其次，教师要尊重、理解学生的差异性，不嘲笑、不歧视。教师不能因学生课堂上笨手笨脚、吵吵闹闹就置之不理，甚至有所鄙夷，也不能因学生成绩优秀、聪明乖巧而给予特权。最后，教师正确理解差异。很多教师看到良莠不齐、千差万别的学生群体会产生畏惧心理，害怕教学失误，缺乏控制力，因而简单化地理解差异或压制学生的个性发展。其实，教师不应回避差异，要看到学生差异的多层次性和动态性，充分利用其复杂性并将其转化成重要的学习资源。当前，了解学生成为教师教学设计中重要的一环，但这种了解还停留在知识水平上，主要是以小测验为主，未免过于随意处置。教师对学生差异的认识要贯穿在日常交往和活动中，发现学生的真实展开状态，不断观察、总结、提炼，形成更为科学和准确的理解。

2. 发挥学生个性和长处，实现最优化发展

对于学生差异中的积极因素，如学生的兴趣和特长，教师应在充分了解基础上，为他们提供进一步学习的机会、展示的空间和平台，以促进其学习自信心的养成。不让学生讨厌学习，保持他们对其所爱事物的热情，便是教育的最大功德，但在当前的环境下，这却变成了一种奢侈。教育中的功利主义和效率意识使得教师没有时间和精力去关注学生的差异，而学生则被家长、教师和社会催促着走，最终丧失了学生自己的学习体验和学习动力。因此，教师要放慢教育的节奏，在过程中发现学生的闪光点。另外，有一些差异特征无好坏之分，但有类型之别。以学习风格为例，听觉型学习者喜欢交谈，在与同伴谈论或表达意见的活动中会有更多的乐趣，比较擅长讲故事，容易从听的过程中记住东西，但是可能有多动症的迹象，在精细动作的协调方面表现较差；视觉型学习者喜欢看书或画画，比较注重细节，喜欢谈话时使用视觉形象的教师和非语言性的组织者，但可能在理解口头指示和记住名字方面有困难。[①]针对这种情况，教师要寻求与学生特性相匹配的教学方式和策略进行差异化教学。教师通过对课程内容进行差异化处理，采用有差异的教学方法和教学进度，尽最大的可能照顾学生的个体差异。因此，差异化教学是实现教育过程公平的实质保障。

案例1-4

设置教师差异化教学的问题核查表，教师自行评价自身的教学行为

营造安全氛围：
- 学生提出和检验自己的观点会觉得有风险吗？
- 学生在班里感到被接纳并能得到他人的支持吗？
- 任务有足够的挑战性而非扰乱学生或让人痛苦吗？
- 是否有调动学生情绪的手段？
- 有新奇、独特、诱人的活动来吸引和维持学生的注意吗？
- 头脑独特的人受到尊重并能获得所需的服务吗？

① 格利·格雷戈里，等．差异化教学[M]．赵丽琴，译．上海：华东师范大学出版社，2012：45—46.

识别和尊重差异：
◆ 学习经历适合学生不同的多元智能和学习风格吗？ ◆ 学生可以合作以及独立工作吗？ ◆ 学生可以以不同方式表达自己所知道的东西吗？ ◆ 学生的文化背景影响教学吗？
评价： ◆ 通过进行预先评估来确定学习的准备状态吗？ ◆ 学生有机会进行及时的反馈吗？ ◆ 学生有时间对想法、概念进行重新思考以建立联系吗？ ◆ 学生是使用日志和日记进行反思和目标设定的吗？
教学策略： ◆ 能够清晰地向学生表述期望并被他们所理解吗？ ◆ 学习与学生有关吗？对他们有用吗？ ◆ 学习是建立在学生过去经验之上的还是获得了新经验？ ◆ 学习与学生的真实世界相关吗？ ◆ 有多样化的策略来吸引和维持学生的注意吗？ ◆ 有完成项目、进行创造、解决问题和面对挑战的机会吗？

评析 教师差异化教学的问题核查表以评价为导向，可督促教师自行实施差异化教学及评价自身的教学行为，可操作性较强。

3. 需要弥补的学生差异

学生差异中的消极因素，如身体残疾、心理缺陷、家庭贫困、单亲家庭等，或学习和认知存在困难的，如有的学生学习动机低下、概念理解困难、信息提取较慢等，这些差异会使学生在学习中比较吃力，学习速度较慢。如果教师再把他们置之于不重视，甚至是歧视的教育环境，很可能会导致处境不利的学生自暴自弃，然后厌学弃学，也有可能引发严重的后果，这显然违背了教育的本质和人道主义精神。因此，对这部分学生群体，教师应实施补偿原则，对其进行干预、援助或纠正。教师也要防止一些人为因素，如教师的有色眼镜、偏爱和袒护而造成的隐性非公平问题。

案例1–5

针对概念理解困难学生的差异教学[①]

概念理解困难的学生往往需要花更多的时间和精力。教师感觉大部分学生已经理解了所讲的概念内容，可以继续进行下一环节的学习时，但这部分学生群体仍然不理解。此时教师需要仔细确认概念的主要特征及学生掌握概念的程度，然后采用具体—半具体—抽象的学习顺序、图表、示意图、核心搜索其他解释等教学策略巩固学生的概念学习。

评析 差异教学是实现学校过程公平主要的手段，在了解学生差异的基础上，有针对性地实施教学。如对于概念理解困难的学生，教师需要关注这部分学生群体，开发有针对性的教学策略。

实现教育公平的关键在于差异化对待学生的差异，即对学生的差异特征分类、分层，选择与之相匹配的处理方式。如果一旦处理不当，极易产生不公平。在唯分数至上的教育系统中，成绩往往是再次分配学习机会的判断标准，也是给予各种教育机会、实质性教育资源的依据。成绩差异不仅造成了教育中诸多不公平，还会把教育引向无止境的竞争性的循环中。如，家长、学生们为了争夺教育资源，无不陷入得到高分的竞争漩涡之中，高分获得者又能得到更多的资源与机会，使好者更好、差者更差，陷入无限不公平的循环。

案例1–6

美国通过学生入学个人档案的建立促进学生差异化发展[②]

学生的入学准备，通过建立3岁和6岁学生的个人档案（涵盖学生的健康状况、营养水平、产重、产前护理、单亲家庭情况以及健康保证方面的信息）了解学生的长处、需求和缺陷，并据此而提供相应的学习机会和环境。学校必须要知道入

① 莱斯莉·劳德，等. 差异化教学探究：文学、数学和科学[M]. 刘颂，译. 上海：华东师范大学出版社，2015：103.

② Elliott, E. J. An Indicator System to Monitor the Nation's Educational Health. Report of the Special Study Panel on Education Indicators to the Acting Commissioner of Education Statistics [R]. National Center for Education Statistics. 1991: 38.

学学生的长处和缺陷，尤其当学生的状况与学校所提供的需求不匹配的时候，学校必须以合适的方式来解决该问题。

评析 教育公平在此的意义是指每个人的需求得到重视，缺陷得到补偿，亦能保障教育公平的实质落实，走向科学化，而摒弃随意处置。

（三）有特殊需求的特别优待

特别优待分为两类，一类是照顾处境不利的学生群体，如在座位安排、活动设计中照顾视力差、听力弱的学生，照顾体弱生病者；给弱者优先的锻炼机会，对后进生多一些激励性评价和鼓励，对困难生多一些时间和帮助；为特殊需要者开设特需课程等。另一类是要考虑能力较强者或一些天才学生的需求，允许这类学生有进一步发展的机会，并适当地提供一些特殊待遇和锻炼机会。

拓展阅读

1. 格雷戈里，等. 差异化教学[M]. 赵丽琴，译. 上海：华东师范大学出版社，2012.
2. Carol Ann Tomlinson. 能力混合班级的差异化教学[M]. 张碧珠，等，译. 台北：五南图书出版股份有限公司，2014.

后续活动

“你眼中的学生”工作坊方案

一、培训目的

（1）了解和掌握分析学生差异特征的方法和策略（如教育会诊、头脑风暴法、学生差异化清单）。

（2）学习更科学地分析和归纳学生的差异特征。

（3）推动更全面地认识学生的差异，促使教学方式和策略转变。

二、培训过程

（一）热身活动与方法讲解

（1）热身活动：讲述你眼中的学生，学生与学生之间有哪些差异？

（2）分组：通过抽签的方式将教师分成不同的组别，每一组选取一种方法。

（3）简要讲解与发放相关方法的说明材料。

（二）实施与探究

（1）各个小组依照方法步骤，探究学生的差异特征。

① 教育会诊小组。

② 头脑风暴法小组：畅所欲言，谈论学生的差异特征。

③ 学生差异化清单小组：通过表格或清单列表的形式，尽可能多地列举学生的差异。

（2）列出学生的各种差异，此时得出的是零散、混乱、具体的学生差异，需要进一步总结。

（三）归纳与提炼

（1）按照不同的分类方式归纳出类别，如学习风格、学习策略、思维特征、兴趣与特长等。

（2）各个小组展示最后的成果，并选取小组代表陈述归类的理由。

（3）使用小圆片"投票"，标识出共同的学生差异归类。

（四）反思与拓展

（1）各个小组评析各自使用的方法优劣与在具体使用过程中可能存在的问题。

（2）思考可行的应对不同差异类型的方式与在教学过程中应该注意的问题。

三、培训反馈

专题二

有教无类：所有的学生同等对待

子曰：自行束脩以上，吾未尝无诲焉。

——《论语·述而》

导 入

在班级里，您是如何选择班委的？您是按照学生的成绩高低、学生家长的私下诉求，还是学生自主竞争？在课堂上，您是如何提问学生的？您总是提问踊跃举手的学生、沉默寡言的学生，还是给学生平等的机会？在教学中，您是如何走动巡视的？您总是在某个走廊走动、特定地方巡视，还是每次绕班级走满一圈？您是否留意过这些日常教学生活中的“小事”，是否考虑过您的细小行为很可能已经给学生带来了不公平感？

一、让每一个学生感受到平等

教育公平遵循三个原则：平等原则、差异原则和补偿原则，但三者并非简单的并列关系。其中，平等原则是首要原则。教育平等是指学生平等地享受教育权利、教育机会、教育资源，更多的是关涉事实、形式上的判断。[①]顾明远主编的《教育大辞典》中指出：教育平等是指人们不受政治、经济、社会地位和民族、种族、信仰及性别差异的限制，在法律上都享有同等受教育的权利。[②]《中华人民共和国教育法》第9条规定：“中华人民共和国公民有受教育的权利和义务。公民不分民族、种族、性别、职业、财产状况、宗教信仰等，依法享有平等的受教育机会。”[③]此外，胡森认为，教育机会均等意味着几层含义：一是入学机会均等，入学不受歧视；二是受教育过程中的机会均等；三是取得学业成功的机会均等。

教育平等理论产生于20世纪的美国民权运动，比较有代表性的观点是20世纪60年代科尔曼提出的教育机会均等。科尔曼认为教育机会均等主要包括对学生资源投入的均等、能力相当的学生在学业成就上的平等、来自不同背景的学生在学业成就上的平等，以及废除种族隔离、平等的学校教育环境（包括学校风气、师资和教育质量）等。科尔曼将资源、权利均纳入机会均等的范畴。聚

---

① 郭彩琴．教育公平：内涵和规定性［J］．江海学刊，2003（3）：100—104.

② 顾明远．教育大辞典·教育哲学卷［M］．上海：上海教育出版社，199：100.

③ 中华人民共和国义务教育法［EB/OL］.（2006-06-30）［2021-08-10］. http://www.gov.cn/ziliao/flfg/2006-06/30/content_323302.htm

焦到学校微观层面，平等原则意味着学生个体之间的对等、等同关系，也就是学生一旦进入学校，无论性别、年龄、种族、健康状况、家庭背景等差异，均应该受到平等的待遇，无一例外享有同等的学习权利、学习机会、学习资源。虽然在现实教育活动中，要求教师一模一样地对待每一个学生确实很难做到，但作为一种价值取向，教师应尽可能地让每一个学生感受到平等，这是实现学校内部教育公平需要迈出的重要一步。

（一）同等对待的重要性

古人云："亲其师，信其道。" 教师作为学校教学过程中学生的重要他人，会对学生产生重要的影响。尤其在中小学阶段，学生各方面发展尚不成熟，教师的态度、行为将直接影响或决定着学生的发展状态。"老师说，要……" "我们老师说了，……是……的"，这样的话曾是很多学生的口头禅，这从侧面说明了教师对学生发展的影响有多大。教师的关注、肯定、鼓励，是学生发展的重要促进力量。由于学校、班级作为小集体，往往涉及多个学生，为了实现更好的教学效果、促进全体学生的发展，教师就要尽可能地去关注每一个学生、同等对待每一个学生，使每一个学生都能获得"公平感"。这种正向的体验，有利于促使学生对教师、学校、学习产生积极的态度，愿意投身其中，实现自我发展。从长久来看，通过自我"被平等对待"的体验，学生会将平等转化为自己的一种价值观，进而促进学生自尊、不卑不亢等品格的养成与发展。

案例2-1

公正是学生和家长心中教师最重要的职业品格①

中国教育科学研究院一项公益金项目曾经做过"义务教育阶段教师公正调查研究"。问卷调查选择北京、重庆、长春等9个城市的中小学，共发放问卷3 000份（包括老师、家长、学生），阶段性成果显示，和渊博的知识、无私奉献的精神相比，公正竟然以78.3%和68.2%的高比例，成为学生和家长心中最重要的教师职业品格。

---

① 高慧斌.80%的学生认为老师处事公正［N］. 中国教育报，2015-11-9（5）.

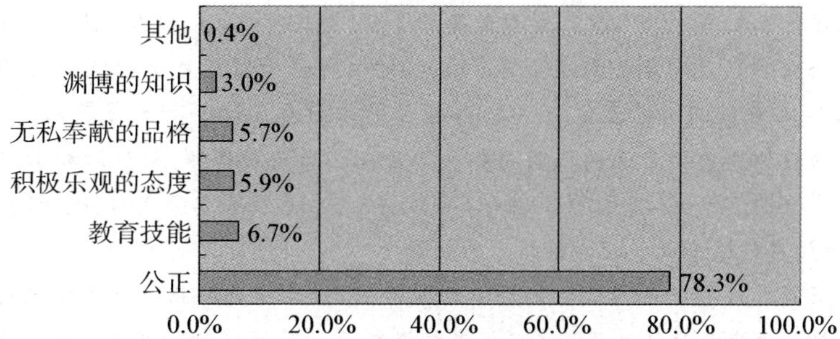

图2-1　学生眼中教师最应具备的职业品格

具体而言，在对教师最应该具备的职业品格调查中，78.3%的学生认为公正是教师最应具备的职业品格，其他依次为教育技能6.7%、积极乐观的态度5.9%、无私奉献的品格5.7%、渊博的知识3.0%、其他0.4%（如图2-1）；68.2%的学生家长认为公正是教师最应具备的职业品格，其他依次为教育技能16.5%、无私奉献的品格8.1%、积极乐观的态度4.6%、渊博的知识2.2%、其他0.4%。教师处事的公正对学生来说很重要，这一点毋庸置疑，每一位教师都比较清楚。但您是否想到，公正在学生眼中的重要性竟然远超其他职业品格如此之多。

那么，什么样的教师表现得更好呢？在什么情况下，更利于教师做到公正处事呢？

一是小学教师更公正。调查显示，小学教师对学习困难学生、家庭经济状况较差学生、身体残疾学生的公正度均值最高。其中，小学教师与初中、高中教师存在非常显著的差异；初中教师与高中教师不存在差异；小学教师公正度均值高于初中教师、高中教师。

二是乡村教师更公正。调查显示，城乡教师在公正对待家庭经济状况较差学生上存在非常显著的差异，乡村教师公正度均值最高。在公正对待身体残疾学生方面，乡村教师公正度均值最高。这是否因为乡村教师的育人环境不仅会让他们更加懂得照顾孩子，同时加之经济环境的原因，反而让老师们能对班级上的同学们一视同仁？这个问题的答案我们不得而知，不过值得思考。

三是小班额教师更公正。调查显示，任教不同班额的教师在公正对待学习困难学生、家庭经济状况较差学生上存在显著差异。任教35人以下班额的教师公正度均值最高。看来，班额小、学生少，教师更有精力去照顾到每一个学生，更容易让学生体会到教师的公正。这也是小班额的优势之一吧！

四是自我认同越高的教师越公正。调查显示，教师自我认同与公正对待学生呈显著正相关。90%以上教师充满正能量，自我价值认同度高，有力地推动了教师公正的实现。调查数据显示，90.2%的教师认为自己是有价值的人，93.2%的教师认为自己有很多优点，94.3%的教师认为自己做事和大多数人一样好，96%的教师愿意为自己的理想而奋斗。自我认同高的教师，对生活和工作更有信心和规划，会为了自己的目标而不懈地去努力，也更容易公平对待班级里的学生，使所在班级形成一股积极向上的氛围。

五是对校领导和其他教师公正的教师，对学生也更公正。教师对同侪公正与对待学生公正呈显著正相关。调查数据显示，96.5%的教师在工作中服从校领导的安排，97%的教师在工作中能体谅并尊重校领导，97.6%的教师在工作中能客观评价其他教师取得的成绩，96%的教师能客观评价自己与其他教师之间的差距，96.7%的教师在其他教师需要配合工作时能及时提供配合。

评析 在学生眼中，教师一视同仁、公平公正的对待学生是一项十分重要的品格，这在很多教师看来可能始料未及。当教师每天只是盯着学生的排名、成绩，把成绩当做学生当干部、选座位的通行证时，不少学生也许早已产生了逆反心理。为了真正做到“一碗水端平”，教师应该尽可能地增强自我效能感和公正意识方面，努力做到关注每一个学生，仔细聆听学生的需求、尊重学生的意愿，给每一个学生犯错的机会及成长的空间，并公平处理学生之间的矛盾。

（二）歧视性对待的危害性

受主客观因素的影响，无论宏观层面还是微观层面，当前教育平等现状并不尽如人意，在乡村学校中也是如此。一方面，学生在性别、身高、外貌、家庭背景、性格等各个方面存在客观差异，乡村学校的学生既有聪明懂事、家庭教养良好的学生，也有性格孤僻、缺少父母关怀的留守学生。另一方面，教师是有着主观判断和价值倾向的个人，因此也很难做到对所有学生一视同仁，其好恶倾向在所难免，即便并非刻意为之。这就要求教师时刻提醒自己，有意地、尽可能地平等对待每一个学生，关注、肯定、鼓励每一个学生。教师对学生的影响非同小可，尤其是中小学学生，其世界观、人生观、价值观尚未确立，在农村地区，来自单亲家庭、留守家庭、父母文化水平较低家庭的学生不在少数，这就更加凸显了教师的引导作用。如果教师歧视性对待学生，不给学生同等的学习权利、学习机会、学习资源，不仅会影响学生的学业，而且很有可能改变学生的生命轨迹，导致学生的异化生长，给学生的一生发展带来不可逆转的伤害。

案例2–2

聪明女孩变"精神病人"[①]

马玥（化名）曾经是个聪明、漂亮的小女孩。在她上小学不到一个月时，被查出眼睛弱视，在治疗过程中，她的瞳孔被放大，看不见黑板上的字。因此，在期中考试时，她有两门功课不及格。马玥成了差生，班里同学开始歧视她、欺负她，喊她"傻子"，老师也在心里默默给她贴上了标签。从此以后，马玥将自己更深地封闭了起来。她恨那些用看傻子眼光看她的老师，恨那些将她当傻子耍弄的同学，她讨厌学校。小学6年，马玥转学去了三个学校，可是她对学习已失去了兴趣，对学校已失去了美好的感觉，她的学习成绩越来越差。马玥对学校充满了恐惧，也充满了厌恶。她不愿上学。她先装肚子疼，后来又装双手颤抖。可是"好"了后，她还得上学。要真正逃避上学，她只有装疯，只有失去记忆。1989年，她11岁那年的一天，马玥突然"疯"了，爸爸妈妈不认识了，钢琴不会弹了，自行车也不会骑了，10以上的加减法都不会做了。她披头散发呆呆地坐在床上，一会儿大喊大叫，一会儿胡言乱语。

妈妈流着泪把她送到了精神病院，事实上，马玥只是装疯，想要逃避去学校。但当她到了精神病院，还没反应过来的时候就被护士拖进了病房，她反应过来后开始哭闹、挣扎，说自己没病，她看见妈妈在哭，可是妈妈并没有进来看她，因为医生告诉妈妈，她的情绪很不稳定。马玥知道，如果再哭再闹，她永远回不了家，永远不能向爸爸妈妈说明实情。她变得乖了，听话了，还主动帮护士打扫病房。她终于盼到了星期天，妈妈来了。马玥哭着说："妈妈，我真的没有病，你带我回家吧。"可是妈妈对马玥说自己是装疯仍半信半疑。马玥住院的这家精神病院办了一个专门收治青少年的精神疗养班，白天治病，晚上可以回家。妈妈让马玥去了这个班。马玥发现，那里有不少像她一样讨厌上学的孩子。见她情绪渐渐稳定下来，妈妈决定自己给她补习落下了3个月的功课。马玥这次表现得很认真、很努力。补习了半个月，学校就要期末考试，马玥主动要求回校参加考试，考试结果令老师和父母惊讶，一个学期几乎没上学的她语文居然考了80多分，数学也考了70

---

① 李圣珍与"疯"女孩[EB/OL].（2001–04–13）[2021–09–28].http: aisixiang.com/data/433.html

多分。

虽然父母不再怀疑她的智力，但是因为逃避上学装疯，会成为她永远也摆脱不掉的耻辱。进了中学后，在同学和老师的眼里，她不但是个傻子，还是个疯子，走到哪里都会有人指指点点地说："她是疯子，进过精神病院。"

评析 平等对待每个学生十分重要，当同学之间出现歧视、排斥时，教师需要正确引导。更加重要的是，教师绝对不能给学生贴标签，把学生分为优、良、中、差，或者聪明、傻瓜，这种歧视性对待学生的行为，不仅影响学生的学业，更甚者，很可能会毁掉一个学生的一生。

二、如何理解所有学生同等对待

（一）学生有哪些同等的学习权利

在学习化社会，教育从单向的传输变为双向的学习交流，学生的受教育权也转向成为学生的学习权。第四次国际成人教育会议通过的《学习权利宣言》指出："学习权就是：阅读和书写的权利；提出问题和思考问题的权利；想象和创造的权利；了解人的环境和编写历史的权利；接受教育资源的权利；发展个人和集体技能的权利。"也有学者指出，学生的学习权利是一个权利束，包含由学习自由权、学习条件保障权和个性发展权三大类。而学生在学校中的学习权利，按照不同的标准可以有不同的分类。如按照向度划分，可分为：从事学习活动的权利，即"走向学习"的初始权利；选择和决定学习目的、内容以及学习途径和手段的权利，即"为了学习"的终端权利；表达自己如何学习的权利，即"在学习中"的过程权利。也有人将学习权利分为学习机会权（升学机会权、学习选择权、学习身份权）、学习条件权（教育条件建设请求权、教育条件利用权、获得教育资助权）、评价公平权，即获得学习成功的权利。具体而言，学生在学校除了享有基本的生命健康权、人身自由权、发展权、隐私权等之外，还应该同等享有的学习权利包含进校权、身体健康权、人格尊严权、休息和娱乐权、学习选择权等。①

① 张将星．尊重儿童的学习权利[J]．当代教育科学，2006(14)：15—17.

案例2–3

学校拒绝“差生”入学[①]

“说是娃学习差得很，再没有必要上！一共6个娃，全是男孩。我想着让老师给个机会，但人家就是没给报名！”9月2日，永登连城镇某村的刘师傅无奈地对记者说，8月23日小学升初中的孩子准备去学区内的初中报名，谁知学校初一的老师就是不给他的孩子报名，原因就是他的孩子刘河（化名）学习太差。据他了解，报名第一天与刘河一起被拒之门外的还有5个孩子。

接受义务教育是每个适龄儿童、少年的权利。因为学习成绩太差，不给入学报名，看似荒唐，其实是校园“差生”观念流行的一种表现。以学习成绩对学生进行评价，野蛮区分孩子的优劣。而“差生”往往会受到不公平待遇。从过去媒体不时爆出的事件，就可窥见一斑：陕西省西安市未央区某小学的老师给学习、思想品德表现稍差的学生戴绿领巾；江苏省无锡市某学校的老师让“差生”测智商；内蒙古自治区包头市某中学让学习成绩好的优生穿红色校服；山东省枣庄某中学根据学生成绩好坏发放红黄绿三种颜色的作业本；江西省南昌市某中学，将成绩较差的学生安排在教室外面的走道上参加期中考试……更有甚者，个别教师因为担心学习成绩差的学生会拉低班级的平均分，以他们不适合在该所学校学习为由，暗示甚至明确要求家长给孩子转学。

关心爱护全体学生，尊重学生人格，平等公正对待学生，是《中小学教师职业道德规范（2008年修订）》中的明文规定，是对中小学教师职业道德的基本要求。但在现实中为什么会出现这么多歧视“差生”的事件呢？近年来，各地教育主管部门宣称取消对中小学的升学率考核，不再以学生的成绩作为评价教师的依据。但说归说，做归做，在很多地方，考核教师业绩的硬指标还是升学率和成绩。在“差生”困境的背后，则是学校之间的竞争，班级间的竞争。如果哪一个班级成绩差，这个班级的教师非但不可能评优，连绩效工资恐怕也受影响，有的学校甚至还采用末位淘汰制。于是，分数竞争越是白热化，学生就越异化为考试机器。显然，正是功利化的教育评价体系加剧了学校、教师对“差生”的歧视。

评析 该校只是因为学生学习太差，就直接把学生拒之门外，这种行为不仅剥夺了学生的受教育权利、学习权利，而且是对学生赤裸裸地歧视与放弃，这将给学生及其家长带来巨大的、不可逆转的伤害，这种行为有悖教育的应有之义。

① “学习差就别上了”流毒为何阴魂不散？［EB/OL］.（2016-09-04）［2021-08-10］. http: //news. sina. com. cn/o/2016-09-04/doc-ifxvpxua7809944. shtml

（二）学生怎样获得同等的学习机会

《国家中长期教育改革和发展规划纲要（2010—2020年）》中指出："教育公平的关键是机会公平。"学习机会分为不同类型，如起始机会、过程机会；非竞争性机会（义务教育入学机会等）、竞争性机会（义务教育阶段的部分奖励等）；非选择性机会（义务教育课程机会等）、选择性机会（兴趣活动机会等）。同等的学习机会意味着学校克服歧视和区别对待，分配给学生相同的学习和发展机会。学生在学校享受的学习机会集中体现在课堂教学中。学生在课堂教学中的学习机会包含诸多方面，如学生在教学中的发展机会（教师给予学生的信息反馈情况、给学生提供竞选班委参与班级管理情况）、学生在课堂互动中的参与机会（教师给学生提供的发言机会、教师在教室中的走动规律）、学生在课后辅导与评价中的待遇（教师对学生合作学习的知晓情况、教师给学生书写的作业评语）等。[①]学校中，教师仍然具有一定的权威性，学生学习机会的获得，需要教师给予足够的重视，并在此基础上提供充分的尊重与支持。

案例2-4

教师课堂走动路线图

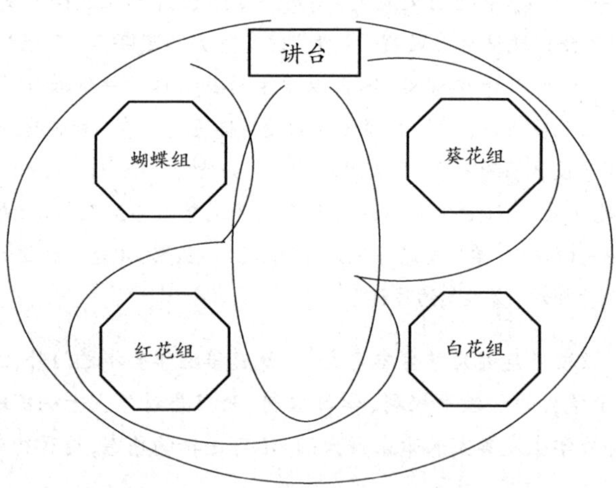

图2-2　重庆市某中学教师课堂走动路线

① David Crabbe. The Quality of Language Learning Opportunities[J]. Tesol Quarterly, 2003(37): 9—34.

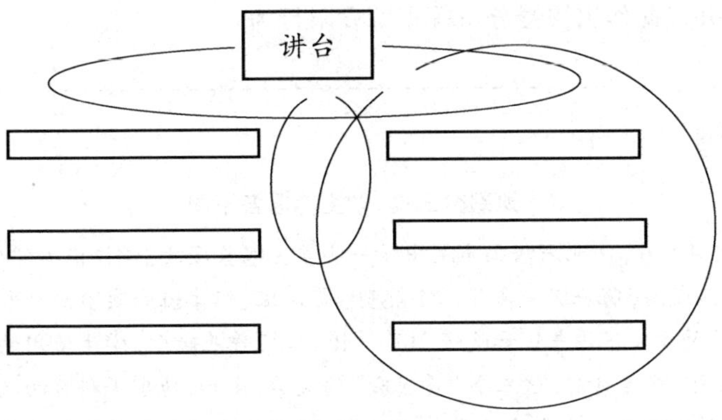

图2-3　重庆某乡村小学音乐课教师走动路线

以上两图为笔者在调研过程中通过课堂观察记录的教师走动路线图，请您判断在有限的走动次数中，哪种走动方式更有利于学习机会公平分配？

评析 学习机会在学校中、课堂教学中并非以显性的方式体现出来，很容易被教师忽视。如课堂走动、提问、反馈等，教师很多时候都是在无意识的情况下自然而然地表现出了自己的态度和行为。正所谓“说者无意、听者有心”，学生对不公平还是有很强的感知能力，因此，教师需要时刻警醒自己，尽量做到合理分配学习机会，“促进每一个花朵的绽放”。

（三）怎样理解学生共享学习资源

从宏观上来讲，教育资源是指在教育领域中社会总资源配置所取得的人力资源、物力资源和财力资源的总和。教育资源具体包括教育经费、教育教学和行政后勤人员、教育设施、仪器、设备等一系列与教育有关的有形的和无形的资源。学校教育资源包括一切可以产生教育价值或意义的事物，如知识课程、教育物质条件、学校状况、教育岗位、学校活动等。而学习资源则是学生可利用的各种学校教育资源，如学校环境、图书馆、操场、座位、宿舍、微机室、课程、教材、班级、师资、学校的认可标准、教师的重视等，有些资源是物质性的，有些资源是精神性的。资源不平等体现为教育制度和学校实践不平等、不公正地分配教育资源；共享学习资源意味着学校的学习资源对所有学生平等开放，不存在“厚此薄彼”的行为，不将学生分为学优生、学困生、干部学生、普通学生、权贵学生、贫贱学生，并以此作出快慢分班等资源设限行为。①

案例2-5

班级分三类，学生待遇各不同

2016年9月，河北省唐山市某中学一些学生家长反映，学校根据学生的语文、数学、英语成绩，将班级分成了三个类型：普通班、饭桌班和实验班。学校对三个“普通班”的学生不设午饭和晚饭，17∶40放学，作业较少，学生使用的都是旧课桌椅。此外，截至目前，这三个“普通班”的数学、生物、地理等科目的教材还未发全，上课时需要两三个学生共看一本教材。而“饭桌班”的学生全部在学校吃午饭和晚饭，中午可以在学校的床位午休；“实验班”的学生则全部在校吃晚饭，且这两类班都设有晚自习，放学时间为19∶45分，并且学生使用的都是新课桌椅，也不存在教材不全的问题。

有家长表示，虽然没有明显证据表明学校是根据考分来分班，但是家长们交流下来发现，实验班孩子的成绩确实略好一些。分班之前，家长没有知情权也没有选择权，对各班之后的区分安排学校也没有征求过意见就直接执行。后来，曾有普通班的家长向学校提出意见，学校回复表示，因学校食堂等资源有限，不能实现全部学生一起用餐，希望家长能够理解。但这种把学生分三六九等的行为，会对学生造成的心理影响，会降低他们的自信心。

评析 类似分班行为，学校和班级还面临许多的学习资源分配问题，学校该如何抉择，教师该如何把控？事实上，学习资源的平等分配是考量学校伦理的重要指标，平等地对待每一个学生，平等地分配学校学习资源，实现对每一个学生的平等关爱，是学校教育的重要价值追求。

三、怎样做到同等对待所有学生

（一）非歧视性原则

1985年联合国教科文组织在第四次国际成人教育会议上通过的《学习权利宣言》中指出，学习是一项权利、是一种享受，每个人通过学习都应得到应有

① 金生鈜．我们期望实现怎样的教育平等［J］．苏州大学学报（教育科学版），2013（1）：1—14.

的发展。2003年12月19日，在“中国学习论坛首届年会”上宣布成立“学习型城市联谊会”，并发布了《学习型城市发展宣言》。该宣言第二条指出：“不论种族、性别、年龄、地域和贫富，每个人都拥有平等的、可持续的学习权利和责任。让人人成为学习之人，处处成为学习之所，时时成为学习之时，事事成为学习之机。”2011年12月12日在全国范围内公开征求意见的《小学教师专业标准（试行）》中规定，教师要“尊重小学生独立人格，维护小学生合法权益，平等对待每一个小学生。不讽刺、挖苦、歧视小学生，不体罚或变相体罚小学生”。以上国际与国内文件均表明，学生的学习权利是一项公认的基本权利，而事实上，歧视现象在许多乡村学校十分常见，如有些教师对差学生存在刻板印象，当差学生取得进步考出好成绩时，教师有时不予以鼓励，反而认为是其作弊的结果；有些教师对来自单亲家庭的学生另眼相看，认为这些学生可能存在发展障碍等。学生作为有待成熟的个人，需要学校和教师的呵护和保障，保障每个学生的学习权利，首先要遵循非歧视性原则，即尊重学生的性别、年龄、贫富等各方面的差异，不因这些差异而从态度、言行等各方面歧视学生，限制学生的学习权利，要给予学生同等的学习权利。

案例2–6

学生分三等，差生伺候优生[①]

一人坐在桌子旁吃着香喷喷的鸡腿，一人站在旁边看着：“你的饭菜快吃完了，要添菜吗?”“好吧。”坐着的人点点头，站着的人就急忙把饭菜添满……这可不是餐馆里的场景，而是发生在学校里，发生在学生身上的事情。

从7月6日开始，河南某学校举办了一个暑期夏令营。该校70名8—12岁的小学生参加了夏令营。在夏令营里，学生们学习了《论语》《中庸》《孟子》，修炼传统武术，还进行数学奥赛的训练。除了这些学习内容外，校方还提出了“体验人生百态，把握自我命运”的训练口号，采取了一种特殊的“奖惩”措施：根据每名学生的表现打分，然后依照分数将学生分为“上仕”“中仕”“下仕”三个级别。上仕在中午吃饭时可以享受三菜一汤的午餐和一杯象征“身份”的红葡萄汁；中仕

① 夏令营里差生伺候优生吃饭[EB/OL].(2004-7-15)[2021-08-10]. http: //news. sohu. com/20040715/n221016426. shtml

的午餐是两菜一汤，不过没有资格喝红葡萄汁；下仕不仅要“服侍”上仕吃饭，而且要等上仕“酒足饭饱”离开后，把上仕的餐具刷洗干净，才能坐下来吃饭，饭菜也比上仕的午饭差一些。

说起为什么要采取这种特殊的教育和奖惩措施，该学校校长说：“这样可以锻炼学生面对挫折和失败的心理承受能力。”学校在第一天采取的是抽签的方式决定“上仕”“中仕”“下仕”，不过以后学生就要靠自己的努力争当“上仕”。“任课教师、教育助理、体育教师、代班老师都会对学生的学习、生活、晨训和课余生活中的表现进行打分，然后组织学生互评，最后确定上、中、下三个级别的学生。”据了解，每个级别的学生各占1/3。12岁的男孩小田（化名）说，自己平时学习非常努力，成绩在学校里也不错，可就是因为背书的速度比较慢，成了下仕。“我已经很努力地学习了，可还是个下仕。”小田说着说着眼泪就出来了。他说，得知自己被评为了下仕，他一整夜都没睡着觉，也没敢跟家里人说。

评析 **以上行为被校长冠冕堂皇地称之为“锻炼学生面对挫折和失败的心理承受能力”，事实上是明目张胆地在学校教育中搞歧视。这种行为不但侵犯了学生在学校的同等学习权、健康权、休息权，而且很容易从小给学生灌输一种人分三六九等的不恰当的价值观。**

（二）开放性原则

美国学者大卫·克雷（David Crabbe）认为，学习机会是指获得良好的学习条件，包括获得一般的学习条件（如受教育的机会）和具体的学习条件。王建军认为，学习机会是学生接触、介入、参与和分享学习发生所必需的目标、资源和过程的可能性。肖正德与张素琪认为，学习机会指的是主体为获得发展，在学习时间、学习经费、学习资源、学习环境等方面的情况。开放性原则，主要指向学习机会，即学校和教师向所有学生开放发言、提问、讨论、参与班级管理等各种学习机会，学习机会的同等获得对学生的发展至关重要。事实上，在许多乡村学校，可能存在许多有悖于开放性原则的行为和做法，如面对学生的课堂违纪行为，教师会将捣乱的学生赶出班级，站在教室外面听课；学校图书馆资源或学校体育设施相对缺乏或比较珍贵，为了减少损耗，只允许高年级学生使用这些资源等。

案例2-7

镇江润州“三取消”

自今年起，江苏省镇江市润州区教育局全面推行三项制度改革：用“志愿者取代班干部”，用“4A认证”“金色少年”（文明少年、阳光少年、勤学少年、爱心少年、才艺少年）等取代三好生评选，用“班级教育小组”取代班主任。通过这三项改革，使每个孩子都受到关注和尊重，让每一个教师都承担起了全面育人的职责。如今，在润州区各学校，沿袭已久的学生班干部没有了，每个学生都能申请成为志愿者，如读书志愿者、劳动志愿者、护导志愿者、图书馆志愿者、爱心雨伞管理志愿者等岗位，学生依据自己的能力和特长自主选岗，并定期轮岗。在志愿者岗位上，孩子们找到了奉献的快乐，一些原本性格内向的孩子也乐于与同学、老师交流了，变得更加阳光自信。“三好生”制度改为“4A认证”“金色少年”，评优时不再只看重学业成绩，名额方面也大大放宽，关注的是学生有没有参加志愿者活动，着重自己和自己比，所有学生都有机会，任何学生的进步都应该受到鼓励。而班主任制度正在逐渐被班级教育小组替代。班级教育小组由教师、家长代表和学生代表组成，原先的班主任担任组长，三方形成合力，一同参与班级管理。教育小组通过“日碰头”“周例会”“月诊断”的机制协调工作，班级重要事项都实行民主决策。这些改革改变人们的传统观念，调动各方力量，营造一种更加开放、平等、相互尊重的校园氛围。

评析 传统意义上的“班干部”是学生参与班级事务管理的重要形式，许多学校班干部由教师根据学生成绩、学生家庭背景等进行指定，许多学生根本没有机会参与竞选。而镇江市润州区的做法为我们开辟了一条新的方式，即通过将班干部转换为定期轮换的志愿者，使得班级管理机会向所有同学开放，这是一种十分值得借鉴的、体现平等对待的做法。

（三）共创共享原则

学习资源包括一切可为学生服务的人、财、物，既有软件也有硬件，各种资源在学校中交织出现，通过一定的使用过程，促进学生的发展。共享共创原则即师生共同充分利用现有学习资源，同时不断开创新的学习资源，满足师生的更高层次需求。其中，首要原则是平等分配、学生共同享用学习资源。为此，学校应当按照所有学生的身心发展需求，将学习资源平均分配给每一个学生。此外，学校应当锐意进取，在可能的情况下，整合、开发、丰富学习资源，进一步充分满足学校师生的需求。总之,学校应当根据自身实际条件,促使学生充分利用和开发学校的学习资源,促进自身发展。

案例2-8

让排座位成为一种有效的教育资源①

座位是学生在教室里的一席之地,是学生在教室的"家",对这个"家"的感情以及满意程度直接影响着学生的学习效果、同伴交往及师生关系的质量,因此座位——作为一份学生及家长特别珍视的教学资源,如何智慧、艺术、充满人文关怀地排座位无疑是摆在班主任面前亟待解决的问题。

1. 前后滚动,左右轮换

加拿大教育委员会研究员拉脱尔的研究显示,人的大脑两半球分工不同,左脑以抽象思维为主,右脑以形象思维为主,因而长时间坐在教室左侧座位的学生,在语言和分析能力非常起作用的课程中成绩比较出色;坐在教室右侧的学生,在需要运用形象化、综合或整体化能力的课程中成绩比较好。因此,适时调整课堂座位,前后滚动,左右轮换,可以使学生两侧大脑半球获得足够的刺激,促进大脑功能获得全面开发,使全部智能获得健康发展。与此同时,也可打消学生或家长对某个位置情有独钟的念头。因此,班主任可以每隔两周进行座位轮换,在左右调换的同时结合前排后排的滚动,充分开发学生的潜能、避免视觉疲劳。

2. 座位竞标,赋予内涵

在安排座位的同时,教师可以将最后排的角落位置设置为竞标座位,鼓励个子高、视力好的学生及班干部,主动申请去坐这些座位。期末表彰先进时,号召同学们向这些学生学习,以激励大家发挥奉献精神,挑战自控能力。这样,后排角落的位置不再被视为"被遗忘的角落",而成为班级的"爱心竞标座位"。教师也可以将班级学生认为的好座位作为"明星位置",按照班级的操行评定,评选出班级每个月的助人之星、爱劳动之星、讲文明之星、学习优异之星等,让其坐在"明星位置"上,使座位成为一种荣誉和爱心的象征,激发同学们的爱心奉献意识,营造良好的班级氛围。

3. 依托课程,灵活多变

美国路特杰教育学院研究生院教育学系的教授温斯坦说:"没有一种座位安排可以满足所有班级、所有学习场所和所有人。教师应利用教室座位安排达到他们具体的教学及行为目标。"在传统"秧田式"座位排列下,课堂上的交流

① 孙玮玮,陈美芬.让排座位成为一种有效的教育资源[J].思想理论教育.2012(22):93—94.

大多是单向式，即教师向学生传递知识，虽然有时也会涉及双向交流，但涉及的范围较窄，大部分学生都是被动接受教师所传递的信息。如果教师结合所任教课程采用小组合作、角色扮演等灵活多变的教学方法，形成小组式、论坛式的教学组织形式，改变往日“秧田式”座位摆放方式，以“圆形”“马蹄形”“树形”排列，有利于建立多向、环形的交流模式。这种模式也有利于小组同学针对某个原理进行验证，或针对某个现象进行试验设计，各抒己见，迸发思维火花，增加情景记忆和知识的灵活运用。同时也可扩大学生间的交往，提高合作意识。

4. 家长参与，达成理解

现在的孩子大多是独生子女，父母为了让孩子享受更好的教学资源，得到教师更多的关注，有些家长千方百计甚至托关系让班主任对自己的孩子多加关注，使教师左右为难。针对这种情况，对于低年级的学生，教师可以通过家长会推荐一些积极、热情的家长作为家长代表参与到排座位的工作中来。通过和家长代表一起讨论排座位的方案，不仅可以消除家长的顾虑，也可让家长对班主任的工作多一份支持和理解。

评析 座位是学校中的一项重要的硬件学习资源，排座位活动看似是一件简单的小事，却蕴藏着极大的教育意蕴，想要真正做到公平合理地安排座位十分困难。其他学习资源也是如此，学校需要坚持学生人人平等这一首要原则，尽可能促使资源的均衡分配，同时还需要创新思路，开发更多的学习资源。

拓展阅读

1. Robert Ricken. 校长的平衡艺术[M]. 金洪芹，译. 上海：华东师范大学出版社，2008.

2. 罗尔斯. 正义论[M]. 何怀宏，等，译. 北京：中国社会科学出版社，1988.

后续活动

中国“最牛”班规

1. 顶礼膜拜型

成都市金牛区营门口小学四年级4班出台的“另类班规”，即每周从班上评选出一个进步最大的学生，该学生将被请到讲台上，老师带着全班同学对他（她）“顶礼膜拜”，以鞠躬的方式“感恩进步”。鞠躬时要求所有人的腰弯成90度，保持鞠躬姿势10秒钟以上。

2. 鼓掌欢迎型

某校学生张同学因睡过头而迟到5分钟进课堂，当他站在教室门口的时候，突如其来的雷鸣般掌声让他目瞪口呆，全班同学甚至老师都在为他的迟到鼓掌。随后，有几位迟到进入教室的同学，也与张同学一样受到了掌声待遇。

3. 征服型

未上交作业满3次，班会课跪在讲台上当着全班的面唱《征服》。

4. 土豪型

某班规定，迟到一次扣德育分，还要罚交40个瓶子（塑料瓶），一个月内要交完。

5. 流水型

高三时，常常一上课就困，后来班主任就想了一个班规，搬了几个桌子在教室后面，困的人就到后面站着听课。

6. 会玩型

吃零食被抓的，买10倍的零食发给全班同学吃。

7. 维护型

每次考试前20名的学生坐中间前四排，成绩最好的学生可以进教师食堂吃饭。

美国明星教师的55条班规

罗恩·克拉克，出生在北卡罗来纳州，大学毕业后周游列国，23岁开始在家乡的一所乡村学校任教，5年后来到纽约市哈莱姆区，取得巨大的教育成功。他曾3次受美国总统及夫人邀请带学生做客白宫，2000年当选迪士尼年度教师，出版著作《55条基本班规》（中译本书名为《优秀是教出来的》）和《教育者的11项卓越品质》，并创办罗恩·克拉克学园。他被著名电视节目主持人奥普拉·温弗瑞称为“美国教师”，他的传奇故事被好莱坞拍成了电影《热血教师》，成为一名世界瞩目的美国明星教师。现将他的55条班规概括如下：

1. 与大人应对，要有礼貌，有分寸。回答我的问题时，总是要说“是的，先生”或“不，先生”，只是点头或用其他“是”或“不是”的表达都不行。

2. 与人互动，眼睛要看着对方的眼睛；要知道视线接触的重要性。如果有人在说话，眼睛要一直注视着说话的人；如果有别的人发表意见，则要转过身去，正对着那个人。

3. 别人有好表现，要替他高兴；要对游戏获胜者或把某事做得特别出色的人表示祝贺。鼓掌至少持续3秒钟，两个手掌充分接触，以便掌声足够响。

4. 尊重别人的发言与想法。克拉克先生的办法是：在讨论问题的时候，要对其他同学的评论、观点和想法表示尊重。要尽可能地这样说："我同意约翰的观点，同时我也感到……""我不同意沙拉的看法，尽管她抓住了问题的核心，但我觉得……"或者"我认为维可多的观察真是太精彩了，他让我意识到……"

5. 自己有什么好表现，不要炫耀；输给别人时，也不要生气。

6. 如果别人问你问题，你也回问他问题。

7. 打喷嚏、咳嗽都要说"对不起"。

8. 不可以有不礼貌的小动作；不要咂嘴、发啧啧声、转眼珠或做出对人不敬的手势。

9. 别人送你任何东西，都要说"谢谢"。

10. 接到奖品和礼物，不可以嫌弃。克拉克先生对待这种情况的办法是：毫不犹豫地收回礼物。

11. 用小小的贴心，为别人制造惊喜。

12. 改同学试卷时要特别谨慎。

13. 全班一起念课文时，要看着正念的一字一句。"每当给孩子们念书的时候，我会感情饱满、精力充沛、表现力丰富地去读，我会全身心地进入角色。"克拉克先生还根据角色不断变换各种嗓音，做各种动作。"这种方法使整个阅读的过程充满了乐趣，同时也告诉孩子们，阅读是件多么令人着迷的事情。""如果我看到那个学生在我们读书的时候眼睛没盯着那一页，或者我叫一个学生接着读，他却不知道我们刚才读到哪里了，那么这个学生的名字就会被记在黑板上。"习惯成自然，以后孩子们集中注意力的能力会提高的。

14. 以完整的句子回答所有的问题：第一，复述问题并给出答案；第二，给出主要理由；第三，展开说明理由；最后，重复问题并给出答案结束。克拉克先生要求学生用这样的方式回答问题，锻炼学生的语言表达能力和写作能力。

15. 不要主动讨奖品。克拉克先生经常给好学生发些奖品，但成绩好的学生索要奖品时，他会坚决拒绝。"我努力让他们知道，尽力做好每件事不是为了奖品，而是为了他们自己。""帮助孩子们最终学会肯定自我奋斗的价值。"

16. 每天都要做完作业。克拉克先生的高招是"在教室外贴了一条巨大的横幅"，上面写着："全班所有同学连续完成全部家庭作业___天。"当孩子们连续完成超过10天，克拉克先生就开始给孩子们做好吃的小点心。孩子们最长是连续62天，克拉克先生说他都成了"厨爷"了。真是够疯狂的，那年克拉克先生的学生们成绩跟坐了火箭一样飞升。

17. 换科目的时候，动作要快、要安静，要守秩序。克拉克先生训练学生们像游戏、比赛一样的换书、换本，还帮老师按投影机（接电源、拉屏幕、关窗户、拉窗帘、关灯），孩子们被训练得井然有序、津津有味、其乐无穷。

18. 做什么事都要有条理。为了帮助孩子们变得有条理，克拉克老师在假期里去商店买回了一套他希望孩子们人手一份的用具，能装下笔记本的大架子、活页纸、笔记本、尺等。克拉克老师把买到的所有物品摆放在地板上拍照，并列好明细清单，在开学前3个星期给每个学生发了一份照片和信。开学时，克拉克老师仔细检查每个学生的用品，告诉他们每件东西什么时候用，在上面贴上标签，还给孩子们做示范等，后来孩子们自然变得非常有条理。克拉克老师领悟到，其实孩子很喜欢条理化。另外，值得一提的是，克拉克老师每年都问他以前的学生，他们的新老师对他们在班上的表现有哪些看法。这样克拉克老师就可以从侧面了解自己的教学有哪些不足，有哪些成功。多么有心的老师啊！

19. 老师在指定作业的时候，不要叫苦；如果谁违反了，他就必须做双倍的作业。克拉克老师坚持这个严厉的惩罚，就是为了让孩子以积极进取的心态接受必须完成的任务。克拉克老师认为：与其让布置的每一项作业（或必须完成的任务）都被抱怨、每一件应该完成的工作都充满了逆反情绪，还不如让他们做几次双倍的作业，从此以后在接受作业（和任务）的时候再也不会抱怨和发牢骚。

20. 别的老师来代课，也要守班规。这个细节的目的是为了培养孩子“无论有没有老板在身边，他们工作都是为了自己”，也就是培养自觉性。克拉克老师为此做了很多努力，苦口婆心的教导。

21. 课堂上发言或起身，应该讲规矩。

22. 不可以上课上一半，起身去倒水。

23. 见到每个老师，都要说“某某老师好”。克拉克老师要求孩子们“要迅速记住全校老师的名字”，并在遇到的时候打招呼，同时还没忘记强调排队走路的时候除外，因为那时有“不许讲话”的纪律。克拉克老师希望学生们培养起良好的社交习惯，以便进入社会后“能主动了解周围的同事或邻居，并努力做到善意、有礼貌地对待别人”。

24. 注意洗手间的卫生，把身边的病原减少到最少。在这节里，克拉克老师要求学生：必须冲厕所，如果按钮很脏就用手纸垫着。“己所不欲，勿施于人”自己不愿意使用肮脏的小便器，就一定要冲洗自己用过的。

25. 让客人有宾至如归的感觉。“如果有人要参观我们教室，我会派两名学生在教学楼前等候，并举着一个欢迎牌。当我们的参观者到来时，接待者要和他们握手，向他们作自我介绍，并致欢迎辞，然后在带他们进教室之前，先领他们简单地参观一下校园。”

26. 不要帮同学占位子。如果有人想坐你身边的空位子，就让他坐，不要刻意去排斥什么人。“我们是个大家庭，应该善意地对待和尊重别人。”克拉克老师很讨厌看到有孩子被孤立，反对孩子总坐在相同的位置上或故意占座位。克拉克老师教育孩子们：“必须保证他们自己和他们的朋友要懂得包容别人，并努力地接受别人参与他们的活动。”

27. 同学受罚的时候，不要看着他。“为了避免尴尬和因公开展示而引起的愤怒，我要保证孩子们理解和遵守这个规矩。”不做落井下石、幸灾乐祸的事是对的，我还是那句话：“己所不欲，勿施于人。”

28. 对作业的问题，可以打电话来我家，我没接的话，你可以留言，但只要留一次言就够了。克拉克老师为了与学生保持更紧密的联系，把自己的电话公布给学生们。

29. 用餐要讲究礼仪。克拉克老师耐心地将西餐的全套礼仪教给孩子们，孩子们居然很爱学，像小绅士一样。

30. 吃完饭，自己的垃圾自己处理。克拉克老师要求他的学生们吃晚饭要把桌子擦干净，掉在地上的要捡起来扔到垃圾筒里，还要检查垃圾箱周围有没有垃圾并清理干净。克拉克老师还要求孩子看到别人乱丢的垃圾也要捡起来，经常奖励捡垃圾的孩子，也经常公布不捡垃圾的孩子。为此他花了一年的时间才基本培养好了一个班的孩子。

31. 接受别人的服务要珍惜。

32. 坐车要坐好，别打扰司机。这里，克拉克老师强调学生乘坐校车时的纪律，是礼貌、纪律，更是为了孩子们的安全。克拉克老师强调，下车的时候“任何时候都要记得感谢司机，并祝他一天开心”。

33. 认识新朋友，要记住对方的名字。克拉克老师有意训练孩子们这项技能，立下了一些有助于记住人家名字的规矩：介绍后要起立握手，并称呼人家的名字问好；交谈中尽量多重复人家的名字；分手时要再次重复他们的名字。

34. 吃自助餐，或与人同桌，取菜不可贪多。“永远不要取走比你实际所需的分量多的食物。”“因为这样不仅会造成浪费，而且如果你不给别人留够了的话，对别人也是一种不尊重。”克拉克老师在见到孩子们盘内堆积如山的食物后，要求孩子们：“盘子被食物覆盖的面积不得超过四分之三，一种食物的上面不能摞上其他的食物。”

35. 别人掉东西，请弯腰去帮他捡。

36. 进门时，如果后面有人，请他扶住门；如果开门的时候需要拉的话，你就拉开门，自己站在一边，让别人先过去，然后你再走过去；如果开门的时候需要推门，你就在自己走过去后用手扶住门，别松手。克拉克老师认为，教孩子一些小小的善意举止虽然看起来微不足道，但对孩子们了解如何尊重和重视别人大有裨益。克拉克老师教孩子的时候非常注重细节，如扶门时站的位置、扶多长时间、说点什么等更加细节的东西。

37. 别人碰到你，不管有没有错，都要说声“对不起”。克拉克老师说：“在学校里，一次轻微的碰撞，也能导致第三次世界大战的爆发。”克拉克老师对礼貌是非常重视的，在孩子乘坐飞机之前，他亲自在教室里把椅子摆成飞机过道的样子教导孩子们。

38. 进行校外教学时，无论到哪一个公共场所，都要安安静静。“有时候，人们做了什么好事不一定都能给他人留下印象，尤其是他做这件好事的时候其实周围根本没人，他做好事是出自本心，而不是给别人看，这就更值得你敬重了。”

39. 去参观别人的地方，要不吝于赞美。这看似是一种对主人的尊重，如果形成习惯，也可能形成一种乐观的生活态度吧？克拉克老师认为孩子们应该有这样的风度，所以在外出前专门对孩子们进行这方面的训练，这是把握课外机会对孩子们的培养。

40. 全校师生集会的时候，不要讲话。我们的老师也很重视纪律的，经常强调。有趣的是，为了让学生知道怎样保持纪律，克拉克老师把学生们叫到礼堂里坐好，手放在大腿上，眼睛看着前面。然后，克拉克老师不断地在礼堂的各个位置出现，喊学生的名字，想办法骚扰孩子们，看哪个孩子破坏纪律。这种做法既生动有趣，又用心良苦。

41. 接电话的言谈要得体。

42. 一堂校外教学活动结束，要谢谢所有随行的老师和父母。"我不在意你是否感谢我，我关心的是你要学会在别人给你提供额外帮助的时候，你能恰当地表示感谢。"

43. 搭乘电梯时，要站右边，请赶时间的人走左边。克拉克教孩子："在自动扶梯上，要站在右侧，从左侧走动，在进入电梯、地铁或地下通道前，要礼让出去的人先行。"

44. 列队行进时不要说话。克拉克老师上班的第一天，管理的是个纪律散漫班级。克拉克老师要求孩子们排队吃饭时要有秩序，要安静，如果有一个孩子多说一个字，全班就多等1分钟。结果，在集体等候45分钟后，孩子们排着整齐、安静的队伍进入食堂。用克拉克老师的话来说，校长站在门口"吃惊地看着我们发呆"。也许有人会说，这有点太军事化了，但是我认为孩子们其实喜欢这么排队，他们会为自己能把队排得这么好看而感到骄傲。克拉克老师要求孩子们在排两队进门的时候，离墙近的那一队先进，另一队要笔直地站在大厅的中央，留在那里等候我的命令，接下来我会说："每个人准备……行动！"所有孩子立刻会像一个完整的整体一样，右腿迅速横跨一步，靠向墙边。看到孩子们在同一刻步调一致地行动，会令人产生一种感觉，那就是"酷！"然后我再发出命令："进入！"他们就整齐地进去了。

45. 不可以插队，但看到别人插队时不可以大呼小叫，让老师知道就好。"如果有人插到了你前面，一个字也不要说，随他去，只要告诉我一声，我就会来处理的。如果你非要和加塞儿的人理论，你也一样会有麻烦的，这不值得你这样做。同学之间解决任何纠纷，都应该在自己着手处理之前，先带着问题来找我。"

46. 看电影时不要说话。克拉克老师希望孩子们懂得如何文明地观看电影，从而使很多人看电影的经历成为一种更加愉快的享受。这也是教孩子们学会尊重别人。

47. 不可以带玩具到学校来。

48. 有谁欺负你，让老师知道。

49. 自己的理想自己要坚持。"在我一生中，已经数不清有多少次了，我想做某事，而周围的每个人都反对。""我希望他们（我的学生们）有勇气为自己的信念义无反顾地付出努力，并为他们想要做的事情而奋斗。"

50. 要乐观、积极地去享受人生。

51. 别让将来有遗憾，想做什么就竭尽所能去实现。把握现在，想到就去做，别轻言放弃。

52. 从错误中学习，并继续向前迈进。正确的经验来自错误的总结，关键是不能一错再错。

53. 不管什么情况，一定要诚实，做错事就坦白承认。聪明的做法是避免因为撒谎而惹来的后顾之忧。

54. 把握今天，不要浪费它，把一天的日程安排好。

55. 在你的能力范围内，发挥你的最大潜能，做最棒最棒的人。

专题三

因材施教：不同的学生差别对待

求也退，故进之；由也兼人，故退之。

——《论语·先进》

导 入

您认为学生有哪些个体差异？

您通过什么方式或渠道了解学生的个体差异特征？

一、成就每一个学生的梦想

（一）标准统一化的诱惑性和危害性

班级授课制的产生是教育制度的一大创新，对于普及教育的实施，提高教育质量和效率，进而推动教育的现代化发展有着功不可没的作用，但却滋生了标准统一化的温床，具体体现为不分教育对象采用同样的教学内容、教学方法和管理模式。尤其是乡村地区，大班额以及超大班额现象的存在，使得标准统一化现象愈演愈烈。当一个班级的学生达到90人，甚至是100人，教师就很难面向学生个体，这种现实也逼迫教师采用同样的教学方式。然而，隐藏在这种教学方式背后的便捷与简单既诱发了教师的惰性，也忽视了每一个学生的差异性。标准统一化教学方式背后逻辑的并不是假定每一个学生都是相同的（虽然存在这样的倾向），而是它面向的是教学内容、考试方式等外在的、非生命的对象而非主体意义上的“人”，这种“眼中无人”带来了以下恶劣的后果。

1. 直接降低了教学点的实效性

有个性、有特长的学生实现不了最优化的发展，学习较慢、成绩较差的学生实现不了最大的进步，最后的结果是优者甘于平庸，差者自甘堕落。

2. 严格来讲，统一化的标准教学侵犯了学生的受教育权

学生的受教育需求不再是停留在识字层面，而是获得与自身相匹配的发展，主体意识的觉醒要求学校必须兼顾学生个体的差异性。但这种用统一化的教学标准教授全体学生的方式违背了学生当前的教育需求，把学生当成可标准化产出的产品，实质上侵犯了学生的受教育权。

3.“造就了平庸的一代”

统一标准化背后的主导驱动力是对应试教育的强调和追寻。社会的标准是通过考试成绩衡量一个人的发展，家长们对这种“伪发展”的趋之若鹜更加推动了应试教育的盛行。真正意义上人的发展并不过多地强调应试能力，而是作为完整的人，包括知、情、意、行各方面联动且和谐的发展。统一标准化的应试教育体系不仅消磨了学生个体的创造性和应变能力，也剥夺了其享受自我、追求自我的权利。

案例3-1

磨灭的闪光石

学生何莱（化名）在乡镇上初中，成绩在班上属于中上等，但是却非常爱好摄影，表现出极强的天赋，对色彩、构图和光线很敏感，即便用手机拍出来的照片也能获得同学们的称赞，他尤其喜欢到附近的村庄拍一些乡村风光和自然景色。但临近初三，他却陷入深深的苦恼。他的父母和老师都希望他把全部心思放在学习上，争取考上县城的重点高中。他所在的中学因条件有限不能为他的兴趣和梦想提供支持和指导，他很羡慕县城的学生有丰富多彩的活动。可他所在学校看重的是能上重点高中的名额。他心里也清楚像他这样的家庭条件，不可能支持他学习这类需要昂贵财力投入的专业，于是不得不放弃摄影的爱好。

评析 对于乡村学生来说，一方面家庭贫困是阻碍学生自主、自由发展的因素，另一方面也受到乡村学校在资源方面的限制，包括课程资源、教师资源和文化资源方面，使得学生兴趣、特长的持续发展受到了阻碍。另外，乡村学校对应试能力的强调导致教师容易忽视学生其他方面能力的发展，也使得学生的闪光点被埋没了。可见，乡村学校教育过程公平的发展既受制于资源的限制，也受制于教育意识的缺乏。

（二）差别对待的必要性和重要性

学校公平本质上是一种教育过程公平，取决于教育过程中对待学生的方式，尤其是如何处理学生的差异问题。因此，差别对待是学校公平的关键和核心问题。

差别对待来源于学生差异的客观存在，根植于学生多样化的发展需求。差别对待的背后假设为：人是差别化存在的个体，要尽最大的可能去满足人的差异化需求，并实现个体的差异化发展。这种假设不仅仅丰富了教育学的理论视角、扩展了人性的假设，而且其内含的深刻实践指导性为一线的实践教学提供了理念原则，也成为未来学校教育发展的一个必然方向。

从个体层面而言，差异化对待最直接的影响是学生的成绩。有研究表明，教师的差别行为不仅会直接影响学生的学习成绩，还可通过学生情绪的不完全中介作用来影响学习成绩。更重要的是，教师的行为能成为每一个学生梦想的助推器，教师小小的一个眼神或者随意的鼓励和关注，都会不经意地让希望的种子在学生心中萌芽、开花。

案例3-2

让每一个学生都成为他的那一朵七色花

——七色花小学"立美育人"的课程结构框架[①]

七色花小学把教育过程公平的理念融入校本课程的建设中，以"立美育人"作为课程理念统筹，关注学生个性的多元化，为学生的个性发展提供多元的课程内容，让每一个学生都有公平的选择机会，进而建构了具有特色的学校课程框架，主要包括以下几个部分：

（1）"一品红"基础型课程。它预示着在"立美育人"的办学理念引领下，师生们的教学变得更加兴趣盎然，成为美的、艺术的享受，课堂变得更加协调、统一、温馨和美丽。

（2）"橄榄绿"拓展型课程。绿色承载着希望，孕育着生命。绿色代表拓展型课程既是学生赖以成长、发展的土壤，又是学生得以施展和创造的天地；既引领学生的智慧学习，又给学生能力的实践，同时还蕴含着美的体验、感悟和创造，为学生的充分发展注入源源不断的活力。该课程具体包括蓝色畅想（名师课程）、青青草地（网上课程）、橙色心情（快乐社团）、炎黄子孙（社会综合）等。

（3）"蔷薇型"探究型课程。浪漫的紫色象征着创意、梦想、探索和追求。该课程主要让学生可以在自主、合作、探究的过程中，乐于幻想、勇于探索、敢于创

① 唐海宝．教育过程公平——成就每一个学生的梦想［M］．上海：华东师范大学出版社，2014：136.

造，以便促进学生个性化的发展。

问题1：您如何看待七色花小学所建构的课程框架？

问题2：为促进学生的个性化发展，您所在学校所做的努力有哪些？

二、学生的差异化清单

> **小贴士**
>
> 明确学生的差异是差别对待的起点，到底学生有哪些不同？通过差异化清单，可了解我们所忽视的那些学生差异。

我们一方面在呼吁差别对待，另一方面也要求一视同仁，两者看似是矛盾，又如何共存于过程公平中呢？区分的关键在于两者涉及不同的学习资源，一视同仁强调教育基本权利的均等，学生不因性别、年龄、地域和家庭背景的差异而享受同等的受教育机会，具有优先性；差别对待因学生的不同对待方式有所差异，因此首先要明确学生有哪些差异，然后再采取与之相应的差异化策略。学生的差异，可以分为两类，一类是类型差异，没有高低好坏之分，只有种类、风格之别；另一类是水平差异或者层次差异。

（一）类型差异

学生的统计特征差异，主要是指性别、民族、地域和家庭背景等，这些是学生先天持有的，在差别对待中不作重点考虑。这里的类型差异主要是指以下四类：

1. 学生的智力类型差异

传统智力理论认为人的智力是单一的、可测量的，是通过遗传决定的，它催生了统一、标准化的学校教育。加德纳的多元智力理论（也有译为“多元智能理论”）否定了传统智力理论的观点，认为人的智力是多元的，有9

种智力类型：语言智力、逻辑-数理智力、视觉-空间智力、音乐-节奏智力、身体-运动智力、人际-交往智力、自我反省智力、自然观察者智力以及存在智力。[①]

每一个学生都是拥有不同智力的组合体，因而有不同的偏好和潜能，教育的目的在于设置适当的情景使学生的潜能得到最大程度的发挥。当前，有多种方式可以了解学生的智力类型，比如智力测量量表、测量问卷等。以下案例为由沃尔特·麦克肯齐（Walter Mckenzie）创办的Surfaquarium咨询公司所编制，每一种智力都有相应的测量指标，被测评者根据描述情况打分，特征符合的为1分，特征不符合的为0分，然后算出总的分数，进而判断学生的优势智能。

案例3-3

参考多元智力检测表，判断学生的优势智能[①]

第一部分 自然观察者智力测量

我很喜欢根据一般特征对事物进行分类＿＿＿＿＿＿

生态问题对我来说很重要＿＿＿＿＿＿

远足和野营是很愉快的活动＿＿＿＿＿＿

我喜欢在公园里工作和学习＿＿＿＿＿＿

我相信保护国家公园是很重要的＿＿＿＿＿＿

我很擅长对事物进行分层＿＿＿＿＿＿

动物是我生活中不可缺少的东西＿＿＿＿＿＿

我家里在适当的地方有回收系统＿＿＿＿＿＿

我喜欢学习生物学、植物学和动物学＿＿＿＿＿＿

我要花费大量的时间在户外活动＿＿＿＿＿＿

第二部分 逻辑—数理智力测量

我会把我的东西整理得井井有条＿＿＿＿＿＿

一步一步的指导对我有很大的帮助＿＿＿＿＿＿

解决问题对我来说会很容易＿＿＿＿＿＿

① 夏惠贤. 多元智力理论与个性化教育[D]. 上海：华东师范大学，2002：28—47.

我很容易被各种各样的人搅乱____________

我会很快完成心算____________

需要推理的难题是有很有趣的____________

直到我的问题全部解决,否则我不会开始做作业____________

结构能帮助我做成功很多事____________

我发现在计算机上制作电子表格或数据库很有益____________

事物必须对我有意义,否则我就没兴趣____________

第三部分　人际交往智力测量

与他人交流我会学得最好____________

人越多我越高兴____________

小组学习对我来说很有建设性____________

我喜欢待在交谈室里与人聊天____________

参加政治活动对我来说很重要____________

电视或电台中的脱口秀是令人愉快的____________

我是团队的运动员____________

我不喜欢单独工作____________

第四部分　语言智力测量

我喜欢阅读各种材料____________

记笔记帮我记忆和理解____________

通过信件和电子邮件真诚地与朋友保持联络____________

向他人解释我的观点对我来说很容易____________

我有记日记的习惯____________

字谜游戏对我来说很有趣____________

我写作是为了消遣____________

我喜欢玩味字词____________

我对外语感兴趣____________

我喜欢参加辩论和研究活动____________

评析　教师应采用科学的方法了解学生的智力类型,并采取与之相适应的差异化教学策略,比如针对偏向逻辑—数理智力的学生,要采用不同的提问策略:如提出开放式问题让学生解答,要求学生判断自己的观点等。

能量补充

基于多元智能的差异化课堂策略

多元智能	描　　述	差异化课堂策略
言语/语言	读、写、听、说	利用讲故事来做
		撰写诗歌、神话、传说、短剧或关于……的新闻文章
		开展有关……的课堂讨论
		创作有关……的收音机节目
		为……设计口号
		进行有关……的访谈
逻辑/数学	对数字和抽象模式的操作	编关于……的故事性问题
		把……转换成……的公式
		创造……的大事年表
		发明……方面的游戏策略
		进行类比来解释……
视觉/空间	对图像、心理映射、视觉化、绘画的操作	图标、地图
		制作……的幻灯片、录像带或相册
		设计……的海报、公告牌或壁画
		为……创作广告
		改变……的大小和形状
		为……的过程编色码
音乐/节奏	使用节奏、旋律、模仿的声音、歌曲、拍子、舞蹈	表演关于……的音乐伴奏
		唱一首解释……的说唱歌曲
		说明……中的节奏模式
		解释一段音乐与……如何相似
		利用音乐来促进学习
		创作一个音乐大杂烩来描述……

（续表）

多元智能	描　述	差异化课堂策略
身体/动作	通过触摸、运动、戏剧来加工信息	角色扮演或模仿
		设计……的舞蹈动作
		设计……的舞台或室内场地游戏
		建筑或构造一个……
		设计一项捕猎食腐动物的方案，以……
		为……设计一个结果
人际	分享、合作、访谈、建立关系	举行……的会议
		将关于……的不同观点付诸行动
		有意使用……的社交技能来学习……
		教某人有关……
		共同计划……的规则和程序
		给出和接受关于……的反馈
内省	单独工作 自定步调的教育 个人化的方案	设定和追求……的目标
		描述对……的感受
		书写关于……的日志项目
		自我评价在……方面的工作
自然主义	在户外花费时间 整理 分类 留意标本	收集并对有关……的资料加以分类
		持续做关于……的观察日志
		解释一种植物或动物与……的相似之处
		进行……的分类
		说明……的特征

2. 学生的学习风格差异

学习风格是学习者带有的个人特色的偏好或偏向，不同的分类标准会形成不同的学习风格模型。

（1）根据多元智力理论开发的费尔德（Richard M. Felder）模型。

积极主动型：积极主动，喜欢小组学习。

深思熟虑型：先思考后行动，独立思考能力强。

感觉型：喜欢事实性内容，比较细心，擅长动手操作。

直觉型：善于发现事物之间的关系，善于掌握新概念、抽象和数学推理，学习效率高。

视觉型：善于记住视觉型材料。

语言表达型：对于书面语言和口头语言非常敏感。

循序渐进型：遵循逻辑推理，以层次分明的结构理解材料。

总体统揽型：跳跃式的理解方式。

（2）库伯（David Kolb）的经验学习圈理论。①

调节型：喜欢冒险、创造，具有领导才能；但一般工作完成不准时，计划脱离实际。

发散型：想象力丰富，善于发现问题；但是容易犹豫不决而难以把握机会。

聚合型：善于认识问题、演绎推理和解决问题；但是注意力不集中，思想容易分散。

同化型：善于制定计划，构建理论和模式；但不吸取经验教训，行动不实际。

（3）西尔弗（Harvey F. Silver）、斯特朗（Richard W. Strong）和佩里尼（Matthew J. Perini）提出的学习风格分类。②

自我表现型学习者：喜欢新颖、灵活的学习机会，是创造性的学习者。

掌握型学习者：喜欢观察、描述、记忆的机会，喜欢教师呈现信息、安排学习，以掌握基本的技能。

理解型学习者：喜欢总结、分类、比较、对比，喜欢教师提供信息，积极探索事实背后的原因及解释，擅长逻辑分析。

人际关系型学习者：喜欢通过社会化沟通来学习，欣赏教师将学习内容与自己建立联系，以便赋予学习以新的意义。

---

① Kolb D. A. The Kolb Learning Style Inventory 4.0: Guide to Theory, Psychometrics, Research & Applications[J]. Experience Based learning systems, 2013: 1—233.

② Silver H, Strong R, Perini M. Integrating learning styles and multiple intelligences[J]. Educational leadership, 1997, 55(1): 22—27.

案例3-4

费尔德学习风格检测表①

1. 在 ____________ 之后，我才能更好地理解事物。

   a. 尝试以后　　b. 深思熟虑之后

2. 我宁愿被人称为 ____________。

   a. 现实主义　　b. 创新主义者

3. 当我回想到昨天所做过的事时，我最有可能 ____________。

   a. 获得一个完整的画面　　b. 用语言来表达

4. 我常常 ____________。

   a. 能较好地理解学科内容的细节但对总体结构却不是十分清楚

   b. 能较好地理解学科的总体结构但对具体细节却不是十分清楚

5. 当我在学习某种新东西时，能帮助我 ____________。

   a. 谈论它　　b. 思考它

6. 如果我是一个教师，我情愿去教一门 ____________。

   a. 涉及事实和真实生活情景的课程　　b. 涉及观念和理论的课程

7. 我喜欢用 ____________ 方式来获取新的信息。

   a. 照片、图表、图画或地图　　b. 书面的指导或语言信息

8. 一旦我理解了 ____________。

   a. 所有的部分，我才能理解整体

   b. 整体，我就能看到每一部分的作用

9. 在小组中学习有一定难度的材料时，我很可能 ____________。

   a. 会很投入，并提出各种想法　　b. 喜欢坐在后面听他人讲

10. 我发现学习 ____________ 更容易些。

    a. 事实性内容　　b. 概念性内容

11. 在一本附有插图的书中，我喜欢 ____________。

    a. 仔细看插图　　b. 阅读主要有文字的内容

12. 当我在解决数学问题时，____________。

    a. 我通常在一段时间内一步一步地思考问题的答案

    b. 我通常直接能得到问题的答案，然后再努力去想出获取答案的步骤

……

① 完整的检测表参见：夏惠贤. 多元智力理论与个性化教育[D]. 上海：华东师范大学，2002：248.

3. 学生的思维风格差异[①]

美国的安东尼·格里果尔克根据两个维度——我们看待世界的方式(抽象或具体)和我们给世界排序的方式(连续或随机),将其两两组合,形成了四种思维风格,如图3–1所示:

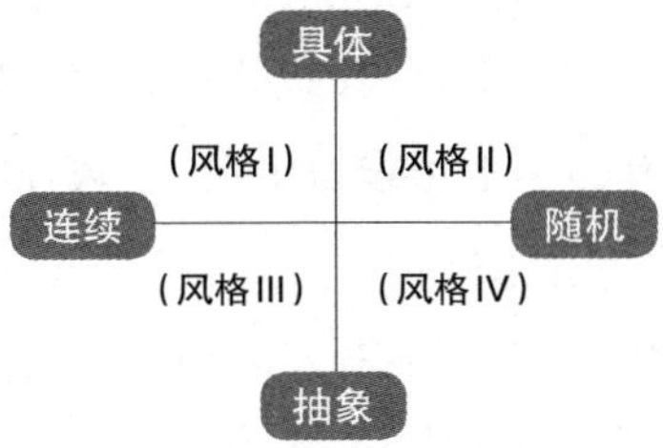

图3–1　四种思维风格

风格Ⅰ:具体而连续的思考者。这些思考者根据物质世界确认他们的意义,他们是细节导向的、注意细节的。他们的学习需要结构、框架、组织性和限期。他们喜欢演讲和教师导向的活动。

风格Ⅱ:具体而随机的思考者。他们喜欢实验、创造,他们渴望采取直觉的步骤,他们需要用不同的方式做事情。在教室里,该类型的思考者需要有机会做出决定,决定如何学习以及怎样展示他们的理解。这类学习者喜欢创造新的模型、以新的方式进行学习与实践,以及发展新的概念。

风格Ⅲ:抽象而连续的思考者。这些思考者喜欢理论的世界和抽象的思考,他们的思维过程是推理、逻辑和智慧的。这样的学习者需要有时间充分检查新的观念、概念以及已经呈现的理论,他们喜欢通过调查和分析去支持新的信息,以了解学习的真正意义。

风格Ⅳ:抽象而随机的思考者。这样的思考者通过自己的反思组织信息,他们生活在感觉和感情的世界里。当他们将信息人格化后,他们能够学得更好,这样的学习者在学习时喜欢讨论以及与他人互动,喜欢合作学习,有同伴的工作能促进他们的理解。

---

① 吕星宇. 教育过程公平——教育活动的内在品性[M]. 上海:华东师范大学出版社,2012:185—186.

4. 学生的非智力因素差异

除了学生智力上的差异，有些心理差异因素也会影响学生的智力活动效益，如学生的注意力、意志、兴趣、气质和认知风格等。

（1）在注意力持续方面，有的学生注意力持续时间长，有的注意力持续时间短；在注意力指向上，图片、图标、视频等形象化的材料更容易引起有些学生的注意，而有的学生则更能捕捉到数字、公式等符号化的材料。

（2）在意志力方面，有的学生意志力坚定，有较强的自制力，有的学生遇到困难则容易放弃。

（3）兴趣偏好直接影响学生的学习方向和学习成效，我们常说的偏科生往往是由于思维方式、学习风格的偏向，加上学习兴趣的导向，使得某一学科的成绩更为突出。

（4）气质上，常见的分类有胆汁质、多血质、黏液质、抑郁质四种类型，气质类型会影响学生心理活动的速度、强度和灵活性。

（5）认知风格种类繁多，如场独立型和场依存型，冲动型和慎思型，扫描型和聚焦型，广视分类型与狭视分类型，复杂型与简约型，齐平型与尖锐型，总体统揽型和循序渐进型等。

在现实中，教师很容易把学生的差异理解为兴趣差异，因而容易导致差异化的简单处理，极端地走向文理分科。但学生是千差万别的，有些差异很容易发现与察觉，可称之为显性差异，如学生的兴趣差异；有些是不容易察觉的，可称之为隐性差异，如学生的思维风格和学习风格的差异。因此，在这样一个事实之下，抛给教师的难题是如何正确地了解学生的差异，进而采用正确的对待方式。

（二）水平差异

学生除了呈现出类型差异外，还呈现出层次、水平或强弱的差异，有的是由学生后天的努力程度所造成的，有的是由先天因素和成长环境共同决定的。

学生准备水平的差异。当教师要求学生练习已经掌握的内容时，学生的成绩不会得到提高，因为任务对个人技能不足以形成挑战，学生表现出低参与性和注意力的减退。当教师要求学生完成那些给学生带来持续挫败感的任务时，因为个人技能不足以胜任任务，学生的成就感不但会降低，而且自信心也会下降，成绩同样会受到消极影响。最有效的学习往往发生在教师所提供的任务与学生相匹配的时候。[①]学生带着对这个世界已有的认知与经验，不论是体系化的知识，还是零散、碎片化的经验，都构成学生进一步学习的基础。教师有效教学的前提，便在于对学生准备水平的了解。

案例3-5

了解学生准备水平的小策略

（1）KLW策略。“K”（Know）代表的是我对这个主题我已经知道多少？“L”（Learn）代表的是我对这个主题已经学会了什么？“W”（Want to know）代表这个主题我想知道些什么？该种策略是一种非正式预考，教师可以对学生的准备水平有一个大致的了解。[②]

（2）关于事实的涂鸦。创建一个关于事实的涂鸦板子，把大家都知道的关于学习主题的所有事情都张贴出来。我们知道什么，我们学习了什么，下面我们想要学习什么。在操作的过程中，教师首先要注意，开始时要让学生单独回答问题，将他们的答案简要地记录下来，还要留给学生理解信息和思考的时间。其次，允许学生将他们的答案写下来并张贴出来，这能让学生产生答案的所有权。[③]

（3）到达问题核心的策略。桌上放一个大盒子，里面放一个小盒子。让学生把“我想学习什么”“我的目标是什么”放在小盒子里面，把“我知道什么”放在小盒子的外面。

评析 采用正规的评估方法（如考试）来了解学生的准备状态是常用的方法，但在考试已经逐渐“泛滥”的当下，教师不妨把了解学生的准备水平策略化、趣味化，这样既不引起学生的反感，又可以达到同样的效果。

除此之外，学生还有学习能力或学习快慢的差异，概念理解能力的差异，记忆能力的差异等。受到学习方法、智力结构、准备水平和学生家庭环境的影响，在学校里，总会存在学习较快的学生，也总会存在学习较慢的学生。对学习较

① 汤姆林森．多元能力课堂中的差异教学[M]．刘颂，译．北京：中国轻工业出版社，2013：29.

② 夏正江．一个模子不适合所有学生——差异教学的原理与实践[M]．上海：华东师范大学出版社，2008：88.

③ 吕星宇．教育过程公平——教育活动的内在品性[M]．上海：华东师范大学出版社，2012：190.

快的学生，教师要创造环境与条件让学生保持学习的势头和动力；对学习较慢的学生，教师要学会宽容和耐心等待。同样，班上也会有学生概念理解能力较差，尤其难以理解数学领域抽象性的概念，还有的学生记忆能力差，这些差异均需要教师予以关注。学生的水平与层次是多样的，但在教学中，教师往往笼统地把学生分为“差生”和“优生”，而不去挖掘背后的原因，继而给予差别对待。

三、因材施教的实践策略

（一）以尊重学生差异为总体原则

1. 树立正确的差异观

孔子提出的因材施教原则作为教育公平的核心常被探讨，它与西方提出的差异教学有较多的相似之处。两者的核心点在于对“材”“差”的理解。学生作为一个有差别的个体存在，这一事实成为教师要差别化对待学生的前提。但是，在教育教学的过程中，凡是学生的差异都要区别对待吗？很显然，对这一问题的回答成为区别“差别对待”和“同等对待”的关键。需要差别对待的是那些对学生的身心发展有直接影响的“相关差异”，即指那些“能产生差异的差异”，[①]在这一章主要是分析学生的差异化清单。而“非相关差异”如学生的性别、地域、宗教和阶级的差异，则是同等对待的范畴。教师需要进一步考虑的是差别对待学生的“差异”，不仅仅要看到学生的显性差异，也要采用科学的方法了解学生的隐性差异，更要看到学生的差异与教学、管理之间的连结，以可行的实践策略把学生的差异转化为积极可利用的资源。因此，尊重学生的差异不仅仅是总体上的理念原则，更是与实践紧密相关联的实践原则。

2. 树立学生的个性发展观

教育从根本上说是面向、立足于学生个体的，教育的本质追求是学生的个性发展。基于每个个体独特的潜能和天性而获得合适的个性发展，是教育的最高理想和本体价值，也是差别对待的一个统筹性的理念，这就意味着差别对待不是削峰填谷、均衡发展，而是在每个学生原有的基础上往前推动，缩小现有水

---

① 夏正江．一个模子不适合所有学生——差异教学的原理与实践［M］．上海：华东师范大学出版社，2008：6.

平与可能发展水平之间的距离。教育要防止以学生成绩提升为主的发展模式的垄断，其他方面的个性发展同样得到承认，同样允许追求。因此，树立学生的个性发展观，既要求教师教育思想意识方面的转变，也要求积极营造一种环境，为学生的个性发展创造有利的刺激，还要求变革学生评价模式，以多元评价为主。

3. 允许学生慢慢学习

尊重学生的差异，除了要求使学生的个性、潜能得到最大发挥之外，也要兼顾到学习较慢的学生群体，也就是我们常常说的“慢生”。有的学生因为某些学习障碍、家庭危机或者对学习的厌烦敌视情绪，使得学习进度比一般的学生要慢很多；也有的学生学习非常认真、刻苦，但由于学习方法不对而拖后了学习进度。对这部分学生群体，教师一方面要积极寻求原因和干预策略，另一方面也不能强行地“拔苗助长”，要在可行的空间给予帮助，多采取发展性评价模式。

案例3-6

怎么帮帮小明?

在三年级的时候，小明(化名)遇到的困难是无法将自己的想法写下来，所以他写作业时总是既慢又费力。他写的字不仅小而且难以辨认，并且句子之间缺少逻辑结构。但是如果你要他讲一个自己知道的故事，他的表现就大不一样了。他经常为其他孩子出招解决班级问题。他非常喜欢参与班级讨论，似乎他全身上下就舌头最活跃。小明的阅读能力达到了六年级的水平，但其他功课都低于三年级水平。老师感到非常困惑，因为在老师看来，小明出色的阅读能力就意味着他如果再努力点、再专心点，其他功课就应该没有问题。

问题：假如你是案例中的老师，你如何处理小明的问题?

能量补充

有学习障碍的儿童的干预方法①

- 找出儿童所能做或知道的事情并给予赞扬。
- 找出儿童在校外最感兴趣的事情并在学校学习中安排这方面的内容。
- 允许儿童按照自己的风格来展示他们的知识和能力。
- 提供代替常规任务的学习经验来减少儿童的行为问题。

（二）基于差异教学的变革领导力的提升

教育过程公平的实现依赖于学校的变革行为，而一所学校的变革效益则取决于学校校长的变革领导力。在当下，改革进一步的深化和复杂化，校长不仅要有清晰的意识，更要有统筹各方面资源的能力。

能量补充

高质量课堂的特征②

- 明确关注专业人员所重视的学科本质和技能。
- 使学习者真正愿意进行有效的学习。
- 是令人快乐的，至少是满意的。
- 提供选择。
- 期望非常明确。
- 允许有意义的合作。
- 关注与学生相关的结果。
- 与学生的生活或世界相联系。
- 对学生而言是真实的。
- 对学生而言是连贯的。
- 内容丰富，涉及广泛的观点。
- 有利于学生发展。
- 要求以学生感兴趣的方式运用所学内容。
- 使学生为自己的学习建立目标并实现对这个目标的评价。

---

① Susan Winebrenner. 学习困难学生的教学策略[M]. 刘颂，刘巧云，译，北京：中国轻工业出版社，2005：29.

② Carol Ann Tomlinson, Susan Demirsky Allan. 差异教学的学校领导管理[M]. 杨清，译. 北京：中国轻工业出版社，2005：46.

1. 校长要意识到学校变革的焦点在于课堂实践

在课堂上，如何进行课程内容的安排和再安排，以便为学生提供有价值的、重要的内容？美国的学校变革领导专家斯科勒克（Phillip C. Schlechty）提出，学校要为学生设计、创造、制定出高质量、高智力要求的任务：布置给学生的作业要求学生思考、推理，要求学生思考各种观点、关注现实，了解人类一般文化传承中一些永恒的东西，了解学生所处的特定文化背景、出身群体、生长环境可能带来的影响。作为学校的领导者，校长也要清晰高质量课堂的特征（如上表所示），以领导教师课堂教学行为变革。高质量的课堂离不开对学生的准备状态、兴趣、学习风格、思维风格、认知模式的了解，其中差异化教学是学校课堂变革的起点。

2. 为实现这样一种目的，需要系统的变革

个别课堂的变革不会改变整个教育生态环境，乡村学校教育过程公平的实现需要联动而整体地行为转变。首先，是区域联盟，区域层面稳定的指导和持续的活动对学校变革是有效的，在集中区域资源的基础上，可以为整个区的学校发展领航。其次，是学校内容共同体建设，教育者知识和经验的共享对于共同的成长和目标的实现具有重大的意义。学校教师以不同单位，如以年级或学科为区分，组成共同体，进行差异化教学的教研。最后，是一系列与变革相关的领导与管理行为。一个学校变革者既要有远见，也要有让他人接受这种远见的能力。为此，变革者应该采取一系列行为①：

- 明确表达自己的设想，说明设想的道德目标和专业目的。
- 鼓励他人同自己思考问题。
- 听取他人的意见，为了实现其设想以恰当的方式把其他人组织起来。
- 争取让他人接受这个设想。
- 对追随者进行指导。
- 帮助他人通过变革阶段的困难期。
- 要保持长期的指导。
- 在参与变革的过程中，领导者个人要对其结果承担职责。

---

① Carol Ann Tomlinson, Susan Demirsky Allan. 差异教学的学校领导管理［M］. 杨清，译. 北京：中国轻工业出版社，2005：51—52.

变革者具体包括以下一些角色和职责：

◆ 制定计划，使抽象的变革观点变得更为具体。

◆ 关注预算、日程安排、变革所需要的资源和知识。

◆ 在同教师和其他管理者一起工作的时候，要了解他们在变革过程中的需要，并对此做出有效、迅速的反应。

◆ 对变革过程和变革结果都要做出评价。

（三）以差异化教学为基本的实践策略

1. 基于差异化教学及其策略

（1）差异化教学概述

差异化教学，英文为“Differentiated instruction”，又译为分化性教学，由汤姆林森（Carol A. Tomlinson）在1999年出版的《满足所有学生需要的差异课堂》提出，并论证了差异课堂的八条基本原理：

◆ 教师要清楚了解教材中哪些东西最重要。

◆ 教师理解并欣赏学生的差异，在此基础上发展学生的差异。

◆ 评估与教学不可分割。

◆ 教师要调整教学的内容、过程及产品，以便对学生的准备状态、兴趣及偏好作出反应。

◆ 所有学生都有机会选择适合自己的学习内容与学习方式。

◆ 师生是学习过程中的合作伙伴。

◆ 差异课堂的目的是使每个学生获得最佳的发展，取得属于自己的成功。

◆ 灵活性（如灵活分组、灵活支配时间）是差异课堂的显著标志。

关于差异教学的研究逐渐增多，荷克丝（Diane Heacox）认为实施差异教学意指教师改变教学的速度、水平或类型，以适应学习者不同的需求、风格或兴趣。同样地，他从这个角度理解公平，认为公平就是给每位学生提供他们需要的东西。[①]国内主要集中在对“因材施教”的研究上。国内外研究的共同点在于基于学生的“相关差异”，如兴趣、智力类型、学习风格、思维风格和准备状

① 戴安·荷克丝.差异教学：帮助每个学生获得成功[M].杨希洁，译.北京：中国轻工业出版社，2004：3.

态，安排和调整教学相关要素，以促进学生在原有基础上得到充分发展。两者的差异在于因材施教更多是一种经验的概括和总结，差异化教学已经形成包括理论基础、实践原则和实践策略在内的一系列规定。

（2）差异化教学的策略

差异化教学是极其复杂的，从创建差异化的学习环境，到基于学生的兴趣、学习风格和准备水平的备课策略、作业布置，以及差异化教学的具体过程等。在此简要的列举一些策略。

策略一：通过图形组织观点。针对准备状态的策略有：当学生阅读不同难度水平的课文、材料或讲座时，教师可以基于学生的准备状态布置不同的图形组织者，给一些学生布置比其他学生更具有挑战性、要求更复杂的理解的组织者。针对学习风格的策略有：一些学生通过概括来组织信息以更好地理解和接受信息，一些学生更喜欢写作简短的摘要。教师要允许学生选择适合于个人学习风格的组织方法，这会帮助学生掌握信息。除了概括和总结外，学生可以创建或选择网络、图表、图示、情节等适合于个人特点的方式来组织思想。

策略二：课程压缩。课程压缩是指教师在教学前预先评价高出一般能力水平的学生在掌握内容方面的技能或知识，并利用该信息调整课程。该策略适合于能够以较快速度掌握知识的学生，具体包括三个基本的阶段：① 确定所教课程的学习目标或标准；② 预先评估学生在特定单元所知道、理解以及能够做的内容；③ 基于评价结果为已经掌握学习目标的学生做计划，并提出丰富的课程。

策略三：小型工作坊。小型工作坊也称作：小组教学或弹性技能分组。为了讲授或重新教授一种技能、概念或主题，教师可以实施小型工作坊，邀请那些挑选出来需要进行针对性提高学习的学生来参加。通过预先评估及不间断的评估，教师可以诊断出哪些学生需要额外的指导，以及将邀请哪些学生参加有关该技能、主题或概念的小型工作坊，来辅助整个团体教学。

策略四：家庭作业的布置。教师根据准备状态给学生布置一定难度水平的作业，差异化的家庭作业用于进一步检验和挑战学生对特定概念、技能或主题的理解。

案例3-7

特殊作业[①]

新学期，周武老师到五年级接了一个新班，周老师是一名优秀的语文教师，接班的第一天就向学生提出一个练笔的要求，每周写三篇日记，学生们爽快地答应了。

在批改日记的过程中，周老师发现一个叫钱锡（化名）的同学，他的语文基础较弱，作文写得很糟糕。于是周老师就请钱锡到办公室，给予个别指导。钱锡认真地修改好作文后，对周老师说："我能不能一星期只写一篇作文？""为什么？"周老师觉得有点奇怪，钱锡回答说："我的意思是，另外两篇作文不是写好交给你，而是画好交给你"。

"噢？"周老师教书这么多年，第一次听说作文是可以画出来的，"是不是把想写的内容画出来？""行，不过，你得给画取一个名字"，周老师同意了。

就这样，同学们交作文，钱锡交图画。每次周老师总是认真在钱锡交的画的背面写上评语，就像是在修改作文一样，有时说说钱锡哪儿画得好，有时还指出不足的地方。说来也怪，钱锡必写的那篇作文的质量大大提高了，还越写越好了，周老师见他进步快，就在班级充分地表扬了他。渐渐地，钱锡交给周老师的画和作文多起来了。

美术老师说，这一年里，钱锡的绘画水平提高得很快。他的美术作品在中国和亚太地区少儿书画大赛中获得了金奖。进入了六年级，学习显得紧张些，可钱锡还像往常一样把画当作作文交给周老师，周老师也不硬性要求钱锡在写作方面和其他同学一样。

评析 教师安排家庭作业也要考虑到学生的差异情况，基于差异而进行恰当的作业布置能起到事半功倍的效果。

策略五：思考—配对—分享。为了督促学生回答问题，教师可以实施思考—配对—分享策略（Think-Pair-Share，T-P-S）以鼓励学生参与，该策略的使用需要以下步骤：① 教师提出有思想的问题；② 学生单独思考或写下问题的答

① 吕型伟．面向未来的基础学校——案例：点评与分析［M］．北京：人民教育出版社，2002：78.

案；③ 学生与另一个学生配对，讨论问题的答案；④ 配对，然后与整组学生分享他们的答案，并继续讨论。

策略六：复杂教学。教师通过创建和指派适合于每个学生智力优势的、具体的、有挑战性的复杂学习任务来突出每个学生在合作学习中的才能与贡献。其主要目的就是让学生在合作中生成有意义的成果时能欣赏彼此的智力优势。①

2. 基于差异化教学的教职工培训

差异化教学是一项复杂的任务，教师在实施这样的教学之前，有必要对差异化教学有一定的了解，但这种了解不能仅仅停留在知识性的熟知上，而要能够与自身的教学实践建立连结。因此，有必要对教职工进行相关培训，以便能够培养精通人才。汤姆林森基于领导管理的视角提出了一系列进行教职工培训的策略。②

（1）教职工培训应该是在掌握与差异教学相关的共同词汇基础上进行的。所有的教师应该掌握一套共同的、基本的词汇并有相同的概念理解。

（2）教职工培训应该关注教师的准备状态（信息、理解能力、技能和承诺）、兴趣以及所偏好的学习模式。教师有权选择适应他们自身需要的培训内容，培训的内容与进行的方式也要与教师的个人情况相匹配。

（3）教职工培训在提供选择时，应考虑特定的年龄和学科领域的特别需要。处于不同阶段的教师对差异教学的培训需求是不一样的，在初级阶段的教师，需要涉及差异化教学的整体体系，以便先有一个全面的了解；而对于高级阶段的教师，则需要触及差异教学的核心、重点和难点。教师在制定差异化教学计划、课堂管理方面，又会呈现不同的学科的特点。

（4）教职工应该把高质量的课程和教学作为开展有意义的差异教学的出发点来强调。差异化教学是针对学生的千差万别而进行的一种差异化处理，最直接的目的是为了实现学校内部过程公平。但是此目的并不是与高质量的课堂教学相冲突的，反倒差异化的课堂应该是高质量的课堂。

---

① 格利·格雷戈里，等．差异化教学［M］．赵丽琴，译．上海：华东师范大学出版社，2015：109—119.

② Carol Ann Tomlinson, Susan Demirsky Allan. 差异教学的学校领导管理［M］．杨清，译．北京：中国轻工业出版社，2005：102—105.

能量补充

基于不同等级的教职工培训[1]

基础水平的教职工培训策略：

- 对开展差异教学的必要性认识——包括差异教学的合理性和必要性。
- 明确差异化教学的关键术语、特征、概念和原则。
- 明确并能用目前教师课堂上常用的一些基本教学策略，掌握差异教学的教学方法。
- 有效使用多种教师授课模式，了解学生的多种相关信息。
- 介绍并应用其他可推动差异教学活动的基本教学策略。
- 创设有价值的任务。
- 加强差异化教学过程中的具体指导，使教师对管理常规的差异教学过程有一个合理的计划。

中等水平的教职工培训策略：

- 学生评价：分析并判断学生的准备状态、兴趣和学习情况。
- 持续运用评价，使之促进教学的计划与安排。
- 计划高质量的教学，并把它作为差异教学的底线。
- 课堂管理策略：建立学生期望值、管理课堂中的团队、让学生为差异教学做好准备。
- 有目的地计划，灵活性分组。
- 使用大量的教学策略来区分教学的内容、进程和结果。
- 理解教学对文化的敏感性，并做好相关的教学计划。
- 创设一个支持各种差异学习者的课堂环境。
- 帮助学生成为更自信的学习者。
- 就差异性问题与家长和学生进行交流、沟通。

高等水平的教职工培训策略：

- 探讨差异教学的不同模式。
- 为一节课或一个单元选择关键概念、原理和技能。
- 围绕关键概念、原理和技能设计差异性课程和教学单元。
- 应用更复杂的、适用于差异教学的学习策略。
- 处理好评价，并有效使用可选择、可替换的评价方式。

---

① Carol Ann Tomlinson, Susan Demirsky Allan. 差异教学的学校领导管理［M］. 杨清，译. 北京：中国轻工业出版社，2005：106—109.

- 与学生合作，共同努力建立一个更有效、更活跃的课堂。
- 对特殊的学习需求采用特殊的教学方式。

（5）教职工培训要注意将知识、理解力和技能迁移到课堂中。在培训时往往容易犯的一个错误，是把差异化教学的理念和原则当作一套知识体系教给教师，使教师很难建立知识和实践之间的联结。因此，在培训的时候要注重采用多种方式，包括团队学习、同辈指导、合作学习、指导课程开发等，以便促进教师知识的内化和联结。

3. 基于差异化教学的家长和公众沟通

家长是差异化教学能够实施的非常重要且不可忽视的一环，一方面，只有通过家长才能更好地了解学生；另一方面，要把家长转化为差异化教学重要的支持性资源。

首先，设计学生的差异化清单和差异化问卷，让家长了解“差异化”，并通过家长来了解学生。但是，教师在设计时需要进行某种通俗化的转化，要考虑家长的实际情况，避免使用生硬的专业术语让家长不解甚至厌烦。

其次，为了使家校沟通更具长效性和持续性，对差异性的理解应该具有一致性，保证所传达的内容人人都能够理解。在沟通过程中，需要双向的沟通交往，教师要摆脱“专家”角色，也要吸纳家长的观点、认识和建议，力保在双向沟通上达成一致理解。

最后，沟通的内容涵盖面要广，比如学生的特点、差异、弱项，教学的进度和情况，学生成长的状况、存在问题，以及家庭作业等。同时，交流的方式也应该多种多样，如网络沟通、家庭会议或采用小型工作坊的形式与家长共同制定学生的个性化发展计划等。

（四）创造“学生第一”的学校管理文化

1. 学校管理由“命令式”向“服务式”转型

常常听到这样一句话，“城市越大，越有服务意识”，在相对封闭、注重权威的乡村地区，如何形成更加开放、平等的文化氛围，学校承担着不可推卸的责任。学校领导要转化管理思维，坚持“两个服务”，既要服务于教师发展，又要服务于学生发展。在管理制度设置上，要积极推动教师促进教育过程公平的自觉性和积极性，同样也要留给学生、家长和教师参与的空间；在管理态度与行为上，要始终牢记以学生发展为本，处处渗透人文关怀。

2. 创建民主、平等、对话氛围的沟通机制

当前的学校管理不可能是校长独裁式的，学校中学生个体的意见、需求和智慧应该得到重视、尊重和积极采用。学生虽然存在顽皮好动的天性，但也有着自我管理和管理他人的倾向和能力，学校应为此而提供适宜的环境和制度渠道，比如在学校食堂环境卫生、后勤保证监督、课间持续维持等方面，都可以依赖学生的力量。在学校，学生既可以充当管理的小主人，也可以成为管理制度的制定者，关键在于如何激发学生的智慧。

学校管理的重点在于为学生发展服务，以公平发展为取向还意味着创建良好的沟通机制及时了解学生、教师的需求，把已有的经验和做法制度化、常规化。学校不能等学生成为"问题学生"才找学生了解情况，不能等学生厌烦学习才去寻求原因，而应将沟通作为一项首要工作去做，也应该在制度方面创新，用更加科学的、人性化的方式去了解学生和教师。

案例3-8

上海市黄浦区卢湾三中心小学《自助手册》开发[①]

"不到学生中去，我们还有多少发展空间？"这个问题引导着学校《自助手册》开发，不仅管理的智慧来自于学生，动力也来自于学生。于是，逐渐形成一种依赖感，如果有困难或没办法了，就到学生中去找答案、找灵感。

《自助手册》开发的管理札记：学校在四年级的两个班级中随机各抽取了5名同学，召开设计《自助手册》的座谈会。

（1）第一个话题："你们是如何理解自助的？"

"自助就是依赖自己来学习，不依赖于别人。"

"你们认为《自助手册》应该由谁来设计：A老师；B学生自己；C师生共同完成。"共有8名学生选择了C，1名选择了A，1名选择了B。

（2）第二个话题的探讨更是将学生的思维引向深度："你们认为《自助手册》

---

① 唐海宝．教育过程公平——成就每一个学生的梦想[M]．上海：华东师范大学出版社，2014：75—76.

应该包含哪些内容?”

“我认为可以对我们所学到的学习方法做点积累。”

“学习方法从何而来?”

“老师在课堂上经常告诉我们一些学习方法,我们可以把它们积累下来。”

“我觉得学习方法不仅来自于老师讲的,我们还可以通过课外学习去获得。”

……

评析 这样的座谈会不仅启发了学生思考,更打开了学校管理者的视野。

拓展阅读

1. 其他智力类型的测量量表参见:http://www.surfaquarium.com/MIinvent.htm

2. 处理有学习障碍的超常儿童的干预方法,参见Susan Winebrenner. 班有天才——普通班级中培养天才儿童的策略与技能[M].杨希洁,徐美贞,译.北京:中国轻工业出版社,2005.

3. 更多了解图形组织者的网站有:

http://www.eduplace.com/graphicorganizer/

http://www.edhelper.com/teachers/graphic_organizers.htm

http://www.nvo.com/ecnemletter/graphicorganizers/

4. 格利·格雷戈里共提出35条差异化教学策略,其他的教学策略具体参见:格利·格雷戈里.差异化教学[M].赵丽琴,译.上海:华东师范大学出版社,2015.

5. 关于学生认知风格:场独立型和场依存型的区别,冲动型和慎思型,扫描型和聚焦型,广视分类型与狭视分类型,复杂型与简约型,齐平型与尖锐型,总体统揽型和循序渐进型的差异的详细介绍和分析,参见:夏正江.一个模子不适合所有的学生——差异教学的原理与实践[M].上海:华东师范大学出版社,2008:52—62.

后续活动

以单元计划模式进行教职工培训

——以语文议论文的写作为例

一、知识准备:单元计划模式九大步骤[①]

以知识教材的形式提供单元计划模式系统的步骤,让教师了解具体的操作程序,并提

① Gregory, G. H. & Kuzmich, L. Data Driven Differentiation in the Standards-based Classroom[M]. Thousand Oaks: Crowin press. 2014.

供详细的案例。具体包括:

- ◆ 标准:学生应该知道什么?能够做什么?
- ◆ 关键概念:学生在学习本单元之后必须记住什么并能够运用什么?
- ◆ 技能:学生如何证明他们能够学以致用?
- ◆ 关联性:学生为什么必须学习这一内容,在不同时间学习这一内容并加以应用有什么必要性?
- ◆ 最终评价的描述:如何展示本单元的学习成果?
- ◆ 单元的关键问题:如果学生成功通过了最终评价,那么他们能够回答什么问题?
- ◆ 预先评估的设计:对学生的科学知识基础,我们了解多少?为了使学生从目前的水平提升到最终评价的水平,我们还需要了解什么?
- ◆ 组块或单元概述:教师如何将整个单元分解成反映不同学生的发展技能或思维的学习组块?
- ◆ 完成单元计划的后续步骤:如何创建最终评估提示和评价标准以及学生自我评价的工具或核查表?

二、选取单元案例,如以议论文写作为例,进行议论文单元教学的集体教研的三个步骤

第一步:研讨学生学习议论文的几大标准,可以进行分组讨论,然后梳理出各个组的共同标准。

第二步:梳理清楚议论文学习的几大关键概念,如说服、语气、主张、论据、句子多样性、词汇选择等。

第三步:形成基于几大关键概念的最终评价标准,并据此进行预先评估设计和组块单元分割。

三、实践教学展示,整个教研组进行评估

专题四

各得其所：有特殊需求的学生特别优待

是以圣人常善救人，故无弃人；常善救物，故无弃物。

——《老子·道经》

导 入

播放特殊教育公益微电影《一切都是因为你》。

推荐理由:《一切都是因为你》是浙江省第一部以特殊教育教师为主题的微电影。这部微电影真实、客观、几乎不加修饰地表现了奉化市培智学校教师和孩子们的生活。"上帝关上一道门,特教教师就打开另一扇窗",影片在积聚特殊教育"正能量"的同时,也为特教教师唱起了一首爱的"赞美诗"。

问题:1. 看完短片后,谈谈各自的感受。

2. 如何理解"他们,是被上帝咬了一口的苹果;他们,是折翼的天使"这句话?

一、让每一个学生感到温暖

早在2500多年前,孔子就提出了"有教无类"的主张,即"教不分类,教不择人",不管是对哪一类人都应给予教育,开创了世界特殊教育思想的先河。[①]从"特殊教育"到"特殊需求教育",从"特殊学生"到"特殊需求学生","需求"一词的增加并不仅仅是对特殊教育领域的扩充,更是一种群体关注的转向。以前,我们仅仅把特殊教育理解为对身体有缺陷的学生的教育,实际上,从特殊教育在中国教育领域几十年的历史发展轨迹中可以看出,除了显性特殊需求群体外,隐性特殊需求群体(在某一方面具有卓越的资质、天赋,有超出一般学生的发展需求)正被得到关注。因而,我们应该努力实现一种从传统的"缺陷补偿"到"需要满足"的复归,这正是从特殊教育到特殊需求教育的重大转变。正如《学会生存》中所说的那样:"给每个人平等的机会,并不是指名义上的平等,即对每一个人一视同仁,如目前许多人所认为的那样。机会平等是要肯定每一个人都能受到适当的教育,而且这种教育的进度和方法是适合个人特点的。"特殊需求教育群体所期待的正是这样一种教育,即不是一种绝对意义上的特殊对待,而是在平等发展基础上与个性需求基础上的特别优待,因为教育要满足学生的特殊需要。

① 孟万金.辉煌特教六十年——为新中国六十华诞献礼[J].中国特殊教育,2009(9):3—7.

美国著名心理学家荣格(Carl Gustav Jung)有个著名的公式: I + We = Fully I 。该公式中的"I"代表"我","We"代表"我们",相加之后等于"完整的我"。也就是说,一个人的成长首先要充分认识自我,这属于个体行为,在此基础上还需要群体行为,所以要融入"我们"的世界。[①]因此,我们要致力于对特殊儿童的融合教育。然而,对农村学校特殊需求的学生而言,我们还不能说已完成了从"缺陷补偿"到"需求满足"的复归,但是至少可以完成一个从"缺陷补偿"到"需求满足"的转向或融合。

(一) 人人都有特殊需求

1994年,联合国教科文组织在西班牙萨拉曼卡召开了"世界特殊需要教育大会",大会通过的《萨拉曼卡宣言》首次正式提出"全纳教育",明确指出"每个儿童都有接受教育的权利,必须有获得可达到并保持可接受的学习水平的机会;每一个儿童有其独特的个人特点、兴趣、能力和学习需要",[②]并明确号召世界各国政府将教育改革行动由全民教育上升为"全纳教育"。这是特殊教育发展历程中一次里程碑式的跨越,它把"残疾儿童"看作是"普通儿童"中"有特殊需要的儿童","特殊教育"被称为"特殊儿童需要教育"。主张人人都有平等的受教育权,这不是盲目追求一种绝对的平等,而是强调教育应该关注每一个学生的发展,而不只是一部分学生的发展。

实际上,作为一种生命存在,特殊需要儿童与普通儿童是没有差别的,因为特殊儿童首先是儿童,是有着生命气息的个体,本应享受作为人的一切权利。[③]特殊与一般,总是相对而言的。从更为广泛的意义上看,每一个受教育者都是一个有独特个性的人,有特殊需要的人。[④]在这一点上,教育者应该给予根本上的承认。如果教育者只关注到了特殊学生的显著性,而忽视了他与普通学生的共同性,那么是不能够满足学生发展需要的。每一朵花都有它的花期,对于有特殊需要的学生,教师需要的就是细心浇灌,学会等待!

---

① 钱丽霞.普通学校促进不同学习需要学生有效参与的策略——可持续发展教育视野下的全纳教育实践研究[M].北京:教育科学出版社,2008: 151.

② 昝飞,江琴娣.普通学校中学生特殊教育需要响应:以英国为例[J].外国教育研究,2011(9): 92—96.

③ 盛永进.略论基于"特殊需要"的特殊儿童观[J].现代特殊教育,2009(5): 17—19.

④ 郑太年.特殊需要教育的国际努力[J].全球教育展望,2001(7): 68—73.

案例4-1

让每一朵花儿都能绽放

这是一则来自广西省壮族自治区一个小县城的案例，是柳江县特教学校教师的自我感言。

没有爱，就没有教育；没有爱，就没有孩子的康复和进步。唯有热情服务，才能切实地把党和政府的关怀传递到残疾孩子家庭；唯有真诚关爱，才能让残疾孩子及家长感受到生活的阳光。用爱心来抚慰特殊孩童的心灵，让残疾孩子在智力、肢体活动能力上得到一定的提高——这是我们工作的追求。

一年来，柳江县特殊教育学校的老师们利用休息时间送教下乡。有的孩子，家住得很远，骑电动车要一个多小时。不管是下着倾盆大雨还是寒风刺骨，老师们从不退缩。老师们每到一个残疾孩子家中，有的会抱抱孩子，和孩子一起学习、做游戏等；有的会跟家长聊天，了解孩子的身心发展变化。每个残疾孩子的身心状况都不一样，但与天下所有的孩子一样，他们都渴望得到更多的关爱。看着刚才坐在凳子上还一动不动的孩子现在兴奋地又笑又叫，送教老师的脸上无不露出欣慰的笑容。

教育是一门慢的艺术，而特殊孩子的教育之路更是漫漫无期。有位特教老师这样表达特殊教育的艰辛与执着：普通孩子你教三五遍可能就会了，特殊孩子却可能要教99遍甚至100遍他仍然不会，你也不能放弃，也许教到第101遍时他就会了。就算第101遍他依然不会，你还得教第102遍，否则前面的101遍就白教了。

实际上，特教老师不仅要担任学校里繁重的课务，还要一次又一次地走在送教的路上。为了"让每一朵花儿都能绽放！让每一颗星星都能发出独特的光芒！"特教老师怀着这样一颗虔诚、纯净的心，继续走在送教的路上……

我们相信：特殊教育的明天将会更美好，残疾孩子的明天将会更光明，生活将更温暖。

资料来源：柳江特教

评析 教育是一门艺术，是一门用心去爱孩子的艺术。正是这份爱，让教师发现了特殊孩子的不同之处，使他们有了坚持下去的信念。因为每一个孩子都是一朵不同的"花"，教师只要耐心"灌溉"，就能绽放孩子独有的色彩。

（二）不当教育措施的潜在危害

1. 被忽视的特殊群体

诚然，一部分生活在城市中的有特殊需求的学生会被送到专门的特殊学校或者养护机构，而乡村教育不具备把学校分类的条件，在现有条件下只可能存在着普通学校，在学校类别上不具备多样性和选择性。然而，根据我们对“全纳教育”的教育理念的理解可以判定，基础教育能够给特殊需求学生最大的优待就是让他们在普通学校与普通儿童一样平等地享受教育的全过程，学校应该在尽可能地满足其特殊需求的前提下，让他们在最小的限制中享受最丰富的资源。在教育者眼中，他们和其他普通孩子一样，都是等待盛开的“花朵”，在本质上没有不同。这是中国的“有教无类”与外国的“全纳教育”的关键所在。

小贴士

推荐影片：韩国影片《飞吧，许东久》

推荐理由：这部影片讲述了一个智商只有60分的孩子许东久在学校发生的故事。烂漫纯真的他觉得世界上最开心的事情就是去学校念书，尽管他也感觉到自己和其他人不太一样，但是只要能够和大家在一起，或者仅是看着伙伴玩耍他就已经心满意足了。然而，这个特殊的孩子却还是在普通学校中遇到了一系列的困难，他是如何成为同学中的“水班长”？如何克服困难进入了“棒球队”？如何最终获得了同学的友谊？这一切都会在这部影片中得到解答。

这部影片对于正处于特教迷茫期的教师会有重要的启示意义！

2. “过度关注”也是一种伤害

忽视对特殊需求群体关注的表现形式不仅仅是真正意义上的不管不问，乡村教育工作者要谨记，有时对特殊需求群体的“过度关注”也会对其造成一种潜在的伤害。例如，始终用特殊的眼光对待身体有残障的学生，虽然本意是给予其特殊的关爱，然而却会对学生造成一定的压力。其实，在一个宽松平等的校园环境中，我们并不提倡“极度特殊”，因为这是一种完全封闭式的保护，它会使有特殊需求的学生“困”在一个狭小的圈子中，缺少与同学的沟通，会使他更加自闭。通过他所感知到的老师与同学的特殊对待，该类有特殊需求的学生会不断强化自我的特殊性，这在本质上与基础教育所倡导的核心素养是相矛盾的。“通过特殊优待让他们变得不再特殊”是特教发展的终极目的。因而，我们应当去除特殊化，让特殊需求学生的一般性显现出来。因为学校中的友谊是建立在平等、友好的氛围中的，这样普通学生才会主动与特殊需求学生交往。如果一味强化他们的特殊性，就可能会造成歧视、排斥的现象，如不愿意与特殊需求学生做同桌、不允许他们参加活动等。因而，我们提倡“适度特殊”，对特殊需求学生，既要有特殊的关注，也要有平常心的对待。

案例4-2

切勿“过渡补偿”

李荣（化名）是一名初二学生，家在一个偏远的贫困山区，父母常年在外打工，她从小是爷爷和奶奶带大的。她所在的学校是一所仅有三十几人的小学校，师资条件差。由于她先天性听力障碍，爷爷好不容易攒了些钱，给她买了助听器，让她戴着去上学。教她的程老师是一个特别善良的人，同情李荣的遭遇，担心她会产生自卑心理，也知道她的特殊需要。因此，无论是在上课中的讨论期间，还是在下课期间，程老师都要跑到李荣的座位旁去询问有没有听懂，哪里不会，需不需要讲解？有时，看李荣身边没人陪伴，程老师甚至带着李荣去打饭、和她坐在一起吃饭。然而，程老师所到之处就是其他学生目光的跟随之处。每次程老师给予李荣特别关注，学生们都会在底下私议，说李荣耳朵听不见，还戴个怪东西。久而久之，在学校里，除了程老师以外，没有一位同学愿意与李荣接近，在没有程老师出现的日子里，李荣变得越来越孤僻。

问题：请评价上述案例，并说明，如果您是这位教师，您会怎么做？

评析 案例中的程老师是一位极富爱心和责任心的老师，甚至不惜牺牲自己的时间把心思都放到李荣身上。实际上，在教育领域中，大部分教师都能够使得这些特殊需求学生的显性特殊需求得到满足。这是一种适度的补偿性措施，但是一旦特殊需求学生被引起格外的特殊关注，就会对他们在学校的发展产生潜在的危害。案例中的程老师就是没有注意到这一点，一味地给予李荣关注，造成一种“过度补偿”，这是不利于李荣在学生群体中发展的。真正的爱是把手放开！

3. 被遮蔽的个别化教学

“个别差异既是特殊需求的本源也是个别化教育的逻辑起点”[①]，特殊需求学生在身心等方面呈现出来的复杂性和多样性，决定了教育个别化的特殊性。因此，“个别化教学问题是特殊教育的一个基本理论与实践问题。”[②]对该问题的理性认识和深化研究对普通学校的特殊需求学生具有重要的实践意义。由于某些特殊需求学生的显性特征，在乡村普通学校的大部分教师都能到感知到他们的“不同之处”，并对其实施区别于普通学生的教学策略。不过，这里存在的一个误区是，特殊需求学生通常被安排的是极其有限的课程或最简单的问题，甚至没有问题，“通过削减部分课程，教授一些简单的技能来降低官方的训练标准，但是这忽略了基本的教学目的”。[③] 实际上，这忽略了这类特殊需求学生群体的心理感受，让他们看似在接受学校特别设计的特教课程，一定意义上也减少了他们受教育的机会，降低了受教育的质量，从而对他们造成了一种潜在的伤害。

案例4–3

这是个别化教学吗？

肖骏（化名），男，是陕西省边远山区的一名初一学生，小时候因持续高烧不退而最终引发为脑炎，但由于家里条件不好，没有得到及时治疗，并留有脑炎后遗症。在学校里，他一看就与其他的孩子不同，具体表现为：语言迟钝，吞咽困难，智力低下等。同学们经常说他是“傻子”。教他的崔老师也为这件事情很纠结，不知道该如何是好。但是为了不影响其他人学习，崔老师只能把长得身材瘦小的肖骏安排到班级最后一排的角落里。每当同学们积极踊跃地举手回答老师的问题时，肖骏总是低下头，不看黑板，也不看其他人。崔老师注意到了这一点，但是也没有采取什么举措，他觉得应该遵从孩子的选择，对于智力有问题的孩子不能为难他。由于受到这种观念的影响，崔老师也从不给肖骏留作业，在肖骏眼神回避的时候，崔老师的眼神也跟着回避，认为这就是对特殊孩子的个别化教学。从此，像肖骏这样特殊的孩子在学校里会变得越来越“特殊”。

---

①② 盛永进. 基于特殊需要的个别化教育[J]. 现代特殊教育，2008(6)：15—18.

③ Margaret C. Wang，郭伯良. 对有特殊需要的学生的教育：全纳性教育体系的一个方面[J]. 中国特殊教育，1997(3)：1—6.

评析 这种一味注重差别而不考虑学生发展需要的特殊化教学不能称之为个别化教学。个别化教学最重要的就是满足不同学生的发展需要，教师应该用心去体谅和观察学生的实际情况，不能仅停留在表面的“不同”上。

二、特殊需要群体的分类透析

随着特殊教育的不断发展，其领域也在不断扩大。过去，特殊教育的对象是残疾儿童，一般只包括盲、聋、弱智和肢体残疾的儿童，如今特殊教育的对象已经远不止以上四类，而是扩大到学习障碍、孤独症以及超常儿童等，这些儿童都被称为特殊需要儿童。[①]除此之外，在称呼上，有研究者认为“以残疾缺陷称呼儿童是具有歧视性的标签，而特殊需要是一个恰当的中性词。”[②]因为每一个儿童都有自己的特殊需要，特殊儿童与普通儿童的需要没有本质区别，只是表现形式不一样。因而，特殊需要教育是一个基于个体独特性，旨在满足个体特殊需要的教育，促进个体身心发展的教育。

（一）特殊困难群体

1. 身体方面：身体残障

特殊困难的显性群体，主要是指在身体上全部或是部分丧失以正常方式从事某种活动能力的人。这类群体具体包括，视力障碍、听力障碍、言语障碍、肢体残疾等。该类群体是特殊教育首要关注并重点关注的群体。和城市学校相比，由于受到师资条件、经济水平等方面的限制，乡村学校在应对特殊困难学生的教育问题上会面临更大的困难。我们毫无疑问要培养优秀学生，但也要做好特殊需求学生的发展工作。但是，有的教师缺乏尽量照顾残疾儿童但又不影响集体教学进度和质量的技巧，为了不影响教学成绩，提高班里的平均分，使特殊儿童丧失了参与考试的平等权利。参与考试本来是他们的权利，却变成了一件奢侈的事情。[③]对于身体有残障的儿童，教育者要谨记，他们首先是儿童，其

---

① 韦小满. 当前我国特殊需要儿童心理评估存在的问题与对策[J]. 北京师范大学学报(社会科学版),2006(1): 62—67.

② 盛永进. 特殊需要视野中的特殊教育研究[J]. 现代特殊教育,2007(9): 14—18.

③ 贾兆娜,兰继军. 从《飞吧,许东久》体会全纳教育的意义与困境[J]. 绥化学院学报,2012(5): 33—35.

次才是身体有残障的儿童，他们有资格享受作为人的一切权利，他们可以和普通儿童一起分享人类的尊严，同时也面临着人如何生存的问题，这是构建特殊儿童观的起点。[①]因此，如果乡村学校的经济水平不如城市，师资力量也无法企及，那么，教师用看待普通学生的方式去看待他们，不仅能帮助他们提高生存能力，还可以帮助他们提高自我的智慧、帮助他们找到自我的价值。因此，“不让一个孩子掉队”成为乡村学校任重道远的教育使命！

案例4-4

为乡村特殊孩子插上飞翔的翅膀

在桂林市临桂区特殊教育学校有这样一位“80后”老师，在青春岁月里扎根远离繁华都市的乡村特殊学校，任劳任怨，无私付出，为乡村的智障聋哑孩子们撑起一片蓝天。她的名字叫秦志芬。她既是老师也是保姆，用心呵护每一位乡村特殊孩子。

“我们这节课来教大家学习扣衣服扣子，知道扣扣子的同学请举手。”9月5日上午，在位于临桂镇乐和村委车田村的桂林市临桂区特殊教育学校的一间教室里，身材娇小的秦志芬正在不厌其烦地向“星星”班的学生讲解扣扣子的动作要领。“这些内容其实上个学期已经教过了，但对于这些特殊学生来说，他们中很多人已经忘记了，我们得帮助他们重新学习。”1988年出生的秦志芬今年才28岁，但她已有了4年的特殊教育的教学经验。去年，她从玉林市的一所特殊教育学校考入桂林市临桂区特殊教育学校，目前是这所学校“星星”班的班主任。

“在这里，我们不仅负责教学，还是他们的‘保姆’。”秦志芬告诉记者，全校目前在校学生有32名，其中30名来自周边的农村，另外需要送教上门的农村学生还有34名，但教师只有11名，人手远远不够。“我们上课时经常是一名老师讲课，一名老师在讲台下维持课堂秩序。”秦志芬说“星星”班的很多学生都是智障儿童，他们刚来学校的时候连自己的教室和座位都找不到，有些孩子听到上课的铃声就跑到无人的楼底下或者厕所里躲起来，她和同事们需要把他们一个个找回教室。而下课的时候，她和同事需要轮流值班，照看着孩子们在室外活动。

中午12点，到了午饭时间。由于学校很多学生都来自临桂周边的农村，父母外出打工，没有时间来接送，他们的午饭都在学校吃。“我们要给每个孩子盛

① 盛永进．略论基于“特殊需要”的特殊儿童观[J]．现代特殊教育，2009(5)：17—19.

好饭菜，看着他们吃完，中间还要帮孩子们添饭添菜。你别看简单的吃饭，收拾餐具，老师们要训练很长的时间。”秦志芬说：“像班里有些孩子，刚入学的时候根本不会自己吃饭，还要老师来喂。一顿饭吃完，桌子上、地上、后脑勺都是饭粒。”在这里，虽然自己付出很多，也牺牲了很多自己的空余时间，但秦志芬感觉自己仍然是幸福的。“我们可能无法像其他学校的老师那样桃李满天下，但我们能让这些孩子享受到与其他孩子一样接受教育的机会，让他们从一个要父母照料的孩子转变为能照料父母的孩子，这就足够了。”秦志芬说。

资料来源：为乡村特殊孩子插上飞翔的翅膀[N].桂林日报，2016-09-12.

评析 对待特殊儿童，教师要具有超乎寻常的爱心和耐心。特殊儿童首先是儿童，我们要确保他们作为普通儿童的权利被尊重，然后才是让他们享受自己的成长过程。

能量补充

《所有残疾儿童教育法》(美国国会于1975年颁布)

原　　则	解　　释
零拒绝原则(Zero reject principle)	所有的学生都有权利接受学校所提供的合适教育，无论他是否残疾
非歧视原则(Non-discriminatory assessment principle)	以教育安置为目的的评估，不得带有任何文化偏见和种族歧视
个别化教育原则(Individualized education principle)	为每一位残疾学生制定一份个别化教育计划
最少受限制环境原则(Least restrictive environment principle)	必须把所有的残疾学生都安置在最少受限制的环境中
正当程序原则(Due process principle)	通过合法诉讼程序，家长有机会对学校所做的有关残疾学生的评估、教育安置和教育计划等发表意见，并解决家长与学校之间的分歧
家长参与原则(Parent participation principle)	在评估和教育安置之前把有关的决定通知家长，家长有权参与残疾学生的个别化教育计划的制定

2. 认知方面：学习困难学生

学习困难学生通常是指智力处于正常水平，但是学习成绩却远低于原有的智力水平，从而未能达到教学目标的学生。这类学生的智力处于正常范围，但是由于各种原因，导致其学业成绩不良。学习困难学生群体是存在于当今学校的数量较大的隐性群体，因为相对于那些具有显性需求特征的学生，他们的需求比较普通，似乎是正常的学习现象。但是实际上，学习困难学生群体是一个亟须得到教育者关注的特殊需求群体。学习困难学生群体的表现形式多样，但却有着共同特征。如：对学习不感兴趣，学习缺乏内在动机，考试经常不及格，基础差漏洞多，自控能力差，缺乏良好的学习习惯，因多次失败而产生自卑感，缺乏学习目标等。[①]学习困难学生的需求多样，尽管教师有教好他们的主观愿望，但是如果"教不得法"，也就无法满足学习困难群体的特殊需求。然而，"教无定法"，要想真正解决学生的问题，让他们体验到学习的乐趣，教师必须做到"对症下药"。

案例4–5

李龙的故事

● 问题

李龙（化名）是我班的一名学生，家在城里，是典型的学习困难的"问题生"，主要表现在：学习缺乏明确的目标，学习态度非常不端正，自制力差，没有什么好的学习习惯，人生观和价值观不积极，当然学习成绩也比较差。自从我担任他的班主任以来，在一年的时间内，他上课迟到无数次；课堂上不是睡觉（几乎没有精神过，堂堂课耷拉着眼皮，昏昏欲睡的样子）就是玩手机（经常无视老师的存在），听MP4、打闹、说话，甚至是在课堂上起哄和顶撞老师；课上没精神，课下异常的"活跃"；作业和讲义从来就是两个字——"不交"；自从上级要求晚上自主自习以来，几乎就没到校过；脾气暴，动不动就和同学打架，不服从学校和老师的管理；更为严重的是他对家长说，晚上是来上自习的，这样我们认为他在家自学，而家长却认为他是在校自习，形成了"空挡"，存在着很大的

① 钱丽霞．普通学校促进不同学习需要学生有效参与的策略——可持续发展教育视野下的全纳教育实践研究［M］．北京：教育科学出版社，2008：55.

安全隐患。

● 原因分析

我认为，造成李龙现状的原因有四点：一是家长的原因：给孩子定位低，过分宠爱孩子，从小没有帮助其树立起正确的人生观和价值观；二是学生自身的原因：自制力差，没有形成良好的学习习惯，人生目标不明确，对自己缺乏信心；三是社会原因：受到社会上不良风气的影响；四是老师和学校的原因：没能及时地发现问题，进行因材施教，造成问题挤成一团。

● 解决措施

(1) 与家长深入交流(家访或是家长到校)。争取家长多些对我班级管理方面的理解和支持，在原则性的问题上，不退步、不扯后腿，让他没有后退之路。

(2) 严格要求，用"爱"感化。在日常的班级管理上，对于学生的日常行为规范(特别是上面提到的问题)严格要求，规范其行为，有时来点"硬措施"，让他知道违纪的"严重后果"，形成对其不良习惯的"强势"；经常寻找机会与其交流，跟他谈社会、谈人生、谈身边他感兴趣的事情，建立我们之间的相互信任感，让他感受到来自老师的关心和爱(特别是当他遇到"难题"时积极地给予帮助和理解)，让他理解到老师的管理是为了帮助其克服学习上的困难和促进其健康的成长，而不是与他作对。

(3) 和心理辅导老师一起，建立其个人成长档案，及时疏通他的心理障碍，帮助其形成健康的心理，增强其克服困难的勇气；帮助其树立正确的学习目标和端正其学习态度；帮助他逐步树立正确的人生观和价值观。

(4) 利用其自身的"闪光点"帮助他建立起学习的信心。通过观察我发现他并不是一无是处，他在英语学习和音乐学习方面有着"闪光点"，于是我与英语老师和音乐老师联系，对其进行特别的辅导。在英语方面，老师利用自习时间帮助其补课，使其在原有的基础上有了更大的进步，让他认识到了学习并不是困难的事情，只要努力和肯学，是可以取得好成绩的。鉴于他在音乐方面的特长，在我的建议下，他选择了学习音乐，让他看到自己有考上大学的希望。在各科老师的帮助下，逐渐培养其学习兴趣和习惯，让他在进步和成功的体验中感受到成功的喜悦。

(5) 与任课老师和班级学生，形成"合力"，共同创造科学、向上、和谐的班级文化、班级理念，形成浓厚学习的氛围和井然的班级秩序。让氛围说话(在和谐和充满"爱心"的班级氛围中)，让学生在潜移默化、润物无声中接受教育、陶冶情操。

（6）家校共同合作，使其与不良环境和有着不良行为的同学“隔离”。

● 成效

现在的李龙，精神状态饱满，行为习惯规范了，学习目标明确了，各科成绩有了很大的提高，以前的“李龙”不见了！

资料来源：青州市小课题研究：对学习困难学生的因材施教的典型案例（山东省青州第二中学李永国）

3. 环境方面：心理异常

学生的性格孤僻、情绪异常等现象大多与不良的家庭环境有关。总的来讲，家庭经济贫困、父母离异、家暴及忽视等问题成为儿童消极发展的主要原因。因为家庭是儿童出生后首先接触的环境，是对儿童影响最早、时间最长的环境，一个人的一生都是在家庭的陪伴下度过的。因而，家庭对于儿童身心发展有着至关重要的作用。①

有调查表明，目前由于家庭经济贫困造成学生发展异化的群体人数较多，这些学生多数来自边远山区、乡村或不发达地区。对乡村地区的学生而言，严重的家庭贫困容易造成两种现象：一是由于贫困而使得自己奋发图强，通过最大限度地努力学习谋求自我发展；二是由于贫困而在思想和行为上产生负面情绪，变得自甘堕落，甚至走向极端。因此，对于这类学生，乡村学校除了给予其经济资助外，更要关注他们的思想和心理的成长，这是重要的但也是容易被忽视的方面。

能量补充

阻断贫困的代际传递

一些研究显示，长期贫困会减低父母的效能感，使得父母的挫折沮丧感增强，这些都容易导致青少年的焦虑、自闭等异常心理状况。因而，阻断经济贫困

① 郑信军. 聚焦处境不利学生：社会性发展研究的对象关注［M］. 杭州：浙江大学出版社，2007：167.

对家庭、对教育的影响成为首要解决的问题。然而，有经济学家在研究贫困阶层长期性贫困的过程中发现，贫困家庭和贫困社区存在贫困的代际传承现象。贫困代际传递的内容主要包括出身继承（如阶级、成分、地位的继承）、缺失传递（如机会、权利、资源缺失状况的传递）和资本传递（人力资本、社会资本、文化资本、物质资本的传递）。

防止贫困代际传递的关键在于下一代的教育与发展。联合国儿童基金会在2001年的《世界儿童状况》报告中指出，“打破代际贫困圈的各项政策需要在具有巨大发展潜力的儿童早期实施才最为有效”。儿童接受完中学教育，被公认为是摆脱贫困代际传递最基本的教育要求。政府和学校应该通过减免贫困生的教育费用，动员社会力量支持，对贫困家庭进行宣传教育等基本措施来保障贫困儿童受教育的权利。

（二）特殊发展需求群体

特殊发展需求群体不仅仅指那些在身体、认知、心理等方面出现异常或是受不利环境影响的特殊困难群体，而且也指那些智力发展明显超出同龄一般发展水平的儿童，他们常常被称为超常儿童。这类儿童通常被分为两类，一是智力发展比较全面的超常儿童；二是具有特殊才能的儿童。这类儿童在智力、理解力、创造力等方面与一般儿童有明显差异。美国心理学家布卢姆曾经指出，在智力发育的关键时期（2—8岁、12—14岁），一年的教育对儿童智力发展的影响效果大致是智力发育其他时期一年教育效果的8—10倍。当我们以科学的方式肯定了智力超常儿童的存在之后，对他们进行有针对性的个别教育，其合理性便毋庸置疑。

1. 全面的超常儿童

有相关资料显示，我国存在的智力超常儿童占人口3%，他们大多具有良好的思维能力和语言表达能力，一旦得到合适的后天教育，极有可能在某方面表现出卓越的才华。3%看似所占比例不多，但是放在我国的人口基数上来看，我国现有几千万的超常儿童。这是一个不可小觑的数目，即便是在乡村，也不能忽视超常儿童的存在。尽管对超常儿童的教育在我国仅有三十几年的历史，但是我国对超常儿童的认识历史悠久，孔子最早把人的智力称为“上智”“中人”“下愚”三种，这种分类和今天儿童分为“超常”“中等”“低下”是一样的。实际上，无论是智力低下还是超常，都是人作为个体发展的不同水平，“障碍是人的未完成性以‘低常形式’的特殊表现，天才则是人的未完成性以‘超常形式’的特殊表现。两者均是人的未特定性决定的，反映了人的未完成性。”[①]因而，教师应在因材施教的基础上，用发展的眼光对待不同的学生群体。

案例4–6

真的有那么多“神童”吗？

20世纪初，心理测验兴起以后，美国斯坦福大学心理学家提出了“智商”这一概念，人们开始以智商作为定义天才儿童的标准。后来，人们又对用智商来定义“天才”的观点提出异议。人们认为，定义天才儿童，不应忽视非智力因素。

中科院心理所超常儿童研究中心主任施建农指出，遗传学、生物学等学科的研究表明，孩子从出生开始，天赋确实存在差异。我国心理学家提出了“超常”或“超常儿童”的概念，认为这些孩子的非凡表现既有先天的因素，同时也与后天的教育及成长环境分不开。

从中外心理学家对儿童智力普查的结果来看，智力超常儿童占同龄儿童的比例一般为1%—3%。以北京为例，2013年北京小学阶段入学人数出现“井喷”，超过了17万，按照国际公认的比例，北京今年大概有1700—5100名超常儿童进入小学阶段，也就是说至少16.5万的孩子应该都是普通人。

没有任何研究表明，超常儿童在人群中所占比例出现了增多的趋势。但是，身在家长圈中敏感的父母们自身的感受却有着变化。这两年参加各种“神测”——超常儿童筛查测试的人数却在年年升高。

这也许与“超常”是一个相对概念有关。施建农解释道，我们通常会给出一个界定的分数，有了边界就会有人质疑，临界点上下的分数之间到底有多大差异？ 99分与100分到底有多大差异？ 89分与90分之间有多大差异……

每个家长都期望自己的孩子是优秀的，大概正是这种“没差多少”的心态，成为“神童”虚高现象的心理起源。

资料来源：樊未晨．超常儿童是天生的还是培训出来的？ [N]．中国青年报，2013-7-30(3).

① 盛永进．略论基于“特殊需要”的特殊儿童观［J］．现代特殊教育，2009(5)：17—19.

评析 即便孩子从出生开始就存在天赋的差异，但是成长过程中的卓越表现并非全都归结于先天的因素，更重要的是后天的教育及其成长环境。因此，天才并非全靠天生。无论孩子是否具备先天的优势，都必须经过家长的早期挖掘、学校的正确培养，才能获得良好的发展。

2. 具有特殊才能的超常儿童

一般来讲，具有特殊才能的超常儿童被称为“偏才”，这类儿童并非在各个领域都有卓越的才华和突出的表现，而只是在自己擅长的领域表现出较高的特殊才能，而其他方面却比较平庸或者不尽人意。其实，相对于全面的超常儿童，具有特殊才能的儿童在我们的生活中似乎特别普遍，每个孩子都有自己的闪光点，关键是家长和教师如何去挖掘。然而，这类“偏才”在当今的教育环境下极容易被埋没，因为这类群体被得到关注的原因往往不是由于他们某方面的特殊才能，而是因为某方面差得离谱。如果他们的优势没有得到教师的关注，那么他们极有可能被教师忽略。19世纪末20世纪初的物理学家、数学家等，其中相当多数量的人小时候都是被认为智力有问题，或者只有一门学科成绩特别好，但是其他学科成绩一塌糊涂，甚至还有语言认知障碍的，爱因斯坦就是一个强有力的证明。除此之外，还有研究表明，身体某一功能丧失的个体会对其他事情特别敏感，例如，丧失视觉的残疾人的声音分辨力和声音定位能力会异常敏锐，这就是大脑对环境的适应，大脑把原本用来感知处理视觉的一部分能力用来处理声音。因此，人类的大脑是有限的，也是公平的。极端的偏科天才，他们的行为有时不能被常人理解，但是却在1—2个方面与常人天赋迥异。越是这种专注于某一方面的天才少年，长大以后就越有巨大的潜力。

案例4-7

慧眼识偏才

——班主任工作个案分析

李蒙（化名），在高一结束文理分班时，进班成绩为班级第三名，但就在分班后的那个暑假，他迷上了网络游戏，开学后的高二学习中，心思无法收回到学习上。从此，他的学习成绩一落千丈。在我的劝阻下，他曾经多次保证要改掉这个坏毛病，但是最终难以抗拒网络游戏的诱惑，常常在周六或者周日晚上继续到游戏厅玩。为了打发上课时间，他就在书摊上租了许多小人书，留在上课的时间偷看。我作为他的班主任，在发现他的这些举动后跟他聊的时候，他却泣不成声地哭了起来，说："我也不想这样，但是坐在教室里真的很难受，我有时候也后怕，考不上大学就没有前途，可我就是控制不住自己……"

看着他泣不成声的样子，我把本来准备了一大堆的道理咽了下去。我没有责备他，只是跟他说："别担心，如果你实在控制不住自己，那么老师把你调到第一排去，我来帮助你。"他很高兴地点了点头。接着，我与他的家长取得了联系，介绍了他近期在学校的表现。为了早日找到"病因"，家长带着他看心理医生，结果发现真正的"病因"是网络游戏后遗症。通俗点说，就是玩野了，心思无法收回到学习上而导致成绩直线下降。找到了病因后，教师和家长双方面联合，共同采取办法"对症下药"。如必须保证到校时间、按时回家、限制零花钱，同时做好思想工作。李蒙还利用假期的时间当建筑工人，体验挣钱的不易，可谓"软硬兼施"。最终，功夫不负有心人，经过老师和家长的共同努力，李蒙发生了很大的变化，学习劲头十足，把全部心思和精力都用在了学习上，成绩直线上升。

评析 案例中的学生并非一个纯粹意义上的偏才，却是真正的学校生活中所遇到最普遍的现象，即一直以来学习优异的学生由于某种原因而导致成绩下滑。由此，我们可以看出教师尤其是班主任，在学生成长过程中的重要作用，他们对学生客观公正的评价，给了学生战胜困难的勇气。每个学生都有自尊心，教师应该善于从消极因素中寻找积极成分，从失败中点燃希望之火。只有这样才能发现学生身上的闪光点。正如苏霍姆林斯基说的那样：要让每个孩子都抬起头来走路！这个案例是极具现实意义的。

三、教育策略：从"缺陷补偿"到"需求满足"

中国特殊教育正在经历一种特殊教育范式的转型：从以关注特殊教育对象的障碍为主转向以关注挖掘特殊教育对象的潜能为主；从以"缺陷补偿"为主要教学任务转向以"需求满足"为主要教学任务。这是现代中国特殊教育对传统特殊教育的超越。"事实上，人的特殊需要是在满足普通需要的过程中产生的，而普通需要的满足在某些情境下又依赖于特殊需要的满足。”[①]譬如，对于普通的教育方式，有些学生“吃不了”，正因为“吃不了”，所以需要特别的“关照”；同样是普通的教育方式，那些天资优异的学生则会出现“吃不饱”的局面，也正是因为“吃不饱”，所以才应当“开小灶”给予特殊的“对待”。这一点是我们理解学校特殊需求群体的关键所在。

（一）从特殊学校走向随班就读

1. 突破围墙，走向一体化

在传统的教育体制中，残疾儿童只能上特殊教育学校或者养护机构，使得这些孩子终日生活在残疾人这个狭小的圈子里，基本上不与外界沟通。学校的围墙就是他们生活的边界，这样的教育形式延缓了他们的社会化进程，实际上，这是以一种特殊的方式，让特殊需求群体永久地贴上了特殊的标签。因此，特殊教育不断突破通过开办特殊学校来拯救特殊需求群体的设想，在发展过程中摸索出将特殊个体引入到正常班级是解决特殊教育问题的有效途径。这种特殊学生与普通学生就读一体化的实践方式就是“随班就读”。它成为中国版的全纳教育实践，弥补了传统特殊学校中隔离式教育的不足。“接纳所有的学生，满足不同需求”，[②]这种实践方式的转变再一次验证了1994年世界特殊需要教育大会上提出的全纳教育原则：“只要可能，所有儿童就应一起学习，而不论他们可能有的困难或差异如何。”而且，这种“服务于社区内所有儿童的全纳性学校，可以最佳地实现有特殊需要的儿童和青年的融合”。[③]

2. 建立个人档案，准确掌握学情

乡村每所随班就读学校要建好一本手册。手册中应该详细记录本校特殊儿童的个人档案，包括学习情况、身体状况、心理变化等，还要对特殊儿童进行谈话、观察等，特殊事件有特殊标记，每个学期都要对特殊儿童进行分析和鉴定。例如，可针对学生的身心特征设置档案模块，如成长曲线、真我风采等，并逐步实现由纸质档案向电子档案的转化。作为乡村学校的校长而言，也要做好

---

① 盛永进，陈树愔，马宇．理解特殊需要与特殊需要教育[J]．上海教育，2008(13)：34—35.
② 孟万金．辉煌特教六十年——为新中国六十华诞献礼[J]．中国特殊教育，2009(9)：3—7.
③ 郑太年．特殊需要教育的国际努力[J]．全球教育展望，2001(7)：68—73.

对随班就读的班主任和任课教师的考核和奖励工作。[①]这是对精准落实随班就读政策的一项基本举措。

3. 以网络为载体,借鉴成功经验

由于受到经济发展、信息闭塞等方面的限制,对于随班就读这一改革措施,乡村学校可能会遇到比城市学校更大的阻力。虽然全纳教育理念已得到教育领域的基本认同,但是真正落实到学校层面的实践还不够普遍,只有少数地区开展过这样的研究,但其中不乏一些成功的经验。因此,在资源获得处于相对劣势的乡村学校,应该努力尝试以网络为载体,创建校际教师实践共同体。通过这种方式让正在准备或者已经开始随班就读学校的教师,可以尽快掌握相关的知识和技能。例如,通过网络交流和阅读,共享优势资源,开阔教师的工作思路。

案例4-8

我和他一起领读

——来自随班就读学生的案例分析

金鑫(化名),男,1997年出生,身材较为瘦小,智力明显低于同龄的正常儿童,语言表达能力差,经检测和鉴定,现为随班就读生。该学生性格较为内向,能与同学接触,但其行为和语言常引起同学哄笑,因而产生自卑感,逐渐失去了自信心;上课很少举手回答问题,极少几次发言,表现极为紧张,自己不知所言;注意力不集中,自制力、记忆力差,理解和反应能力迟缓。

一次讲读课上,我请同学们有感情地朗读课文。我发现平时很少举手的他,怯生生地把右手移出了桌面。"这段文字很短,让他试试吧,也许他能读得很好。"我心里这样想着,就叫了他来读。我几乎屏住了呼吸,我多么希望他能在全班同学面前朗读课文。然而他先是沉默了好半天,终于颤巍巍地读出声了。没想到短短的几行字,他磕磕巴巴地根本读不下去,再加上他口齿不清,有的学生开始一边嗤笑,一边学他说话。我真有点儿后悔叫他了。我稍稍平定了一下思绪,对大家说:"金鑫同学敢于举手发言,我猜他昨天回家一定练习了很多遍,只是今天太紧张了。这样吧,我和金鑫同学一起来领读,其他同学小声跟着读。"就这样,我和同学们抑扬顿挫的朗读声音淹没了金鑫的尴尬与无助,琅琅的读书声和谐

① 蒋丽芬. 加强农村特殊儿童 随班就读管理的几点措施[J]. 现代特殊教育,2013(10): 15—17.

地回荡在教室里。

学习汉字是学习语文的一项重要内容。刚指导金鑫学习汉字的时候，他总是把字写在田字格的左上格或右上格，一篇生字作业乱成一团。无论我怎么讲解、示范，他还是不明白。我只好换一种方法试一试。在放学以后，我把他单独留下来，给他“讲故事”。“在我们的生字本上有许多小房子，这些小房子就是田字格。我们要请小客人到房子里住，这些小客人就是汉字。你看，如果让小客人住在房子的一角，多不宽敞啊。怎么办呢？我们就把每一个汉字写开些，让小客人能伸开胳膊、腿，占满这些小房子，好不好？”他聚精会神地听着，好像是听懂了。我又手把手地教他把每个笔画填在田字格的适当位置。他终于能在田字格里写出第一个像样的汉字了。我用十分夸张的语气夸赞他写得好，他眨着纯真的眼睛，冲着我甜甜地笑了。看着他的笑容，我心里有说不出的感动。

金鑫好不容易在生字学习上有了些起色，可随着年级的升高，学习难度越来越大了。别的学生早已掌握了很多学习生字的方法，在课上往往通过自学就能完成学习生字的任务。可金鑫常常是刚刚学的生字词还没掌握，就又忘记了前面学过的。一到测验，他的卷面就成了通篇的“红海洋”。慢慢地，他没有了学习兴趣，常常连作业也完不成了。如果按照对其他学生的标准去要求他，为了暂时成绩的提高，机械地增加其字词抄写量，那么增加的不仅是他的课业负担，更是他的心理负担。学习生字对他来说，已不是单纯掌握知识的问题，应是多学会一个汉字，他就多一分兴趣，少一分厌烦；多一分自信，少一分自卑；多一分生活的乐趣，少一分人格的退缩。为此，我通过多种方法激发他学习生字的兴趣。渐渐地，他能用学到的汉字书面表达自己的一些思想了。

资料来源：改编自“随班就读案例”[EB/OL].(2011-6-15)[2021-9-24]. http://blog.sina.com.cn/s/blog_65caad130100r8nx.html

评析 智力低下学生随班就读，关键在于“随”。“随”就不是齐步走、一刀切，而是要让其按着自然规律，按自己的特点去发展。当然也不是任其自由发展，不能忽视教育者的责任和义务，要让其能随班集体，最终使其能在自己的水平基础上与同学们同步发展。作为教师，在教育教学过程中，要最大限度地满足随班就读学生的特殊需要，为他们提供融洽、友爱的学习氛围；采用符合其认知特点的教学方法，进行耐心的个别辅导，有的放矢，有针对地发展随班就读学生的认知领域，随班就读学生也一定能像正常学生一样健康成长。

（二）设立资源教室与特殊课堂

1. 建立资源教室

随班就读的举措是要努力消除特殊学生和普通学生的差别，但同时也应该正视二者之间的差别，这样既看到特殊学生与普通学生的共性，又看到特殊学生自身的个性，才能更好地促进特殊学生的发展。因此，为了满足特殊学生的特殊需求，学校应该在常规教学的基础上有针对性地开展个别辅导，开设资源教室。[①]资源教室可以被看作是普通学校和特殊学校之间的一座桥梁，除了正常的教学外，这里也有基本的生活技能、人际交往技能以及感觉统合能力的培训。这样，在一个普通的环境中，特殊学生享受了特殊优待，学会了自力更生；同时对普通学生来讲，也是一个良好的认知过程，让他们从小就学会接纳劣势群体，促进个人价值观的融合发展。

2. 开设特殊课程

在普通学校开设特殊课程具有一定难度，尤其是在乡村地区，这需要得到师资、财政等各方面的支持。当这种保障性条件具备的时候，最重要的一个因素就是特殊课程的内在架构。对此，我们可以借鉴上海理工大学附属小学的成功经验。该小学开设了三个层次的特殊课程：一是生活类课程，这类课程主要是为了提升智障学生的生活技能。在“快乐知识宫”里有学具操作区域、动手操作区域及其阅读分享区域，在这里，资源教师通过帮助学生认识使用工具的过程，提升了特殊学生的购物技能。二是情绪类课程，这类课程的功能主要是干预自闭倾向学生的人际交往。例如，学校在涂鸦墙区域设计了整面墙让学生涂鸦，鼓励学生通过手中的画笔宣泄情绪、表达情感。三是感统类课程，这类课程的主要作用是提高低龄段学生的感觉统合能力。例如，该校设计了拍球答题的训练内容，学生依据指令，在拍球的同时进行回答数字运算、猜字谜等游戏。[②]

案例4–9

普通学校里的特殊班

在工业大道中小学的两个“资源课室”里，12名孩子都有各自专属的学习方案。“资源课室”分为1班和2班，1班是低年段学生，2班是高年段学生。但总的

①② 毛剑玲．特殊需求学生个性化教育课程建设［J］．现代教学，2012（5）：9.

来说，在资源班里，学生的年龄跨度从七八岁到十七八岁。

陈健珊老师是“总教头”。她除了担任“资源课室”的任课老师外，还负责统筹工作。这位有着20年教龄的老师，长期从事班主任工作，在普通班任教时班里从来就不缺特殊学生。正是因为这个原因，促使她开始研究特殊教育，并从刚开始的新学期里，被校长调岗到面目一新的“资源课室”任教。

在学校僻静的一角，校长徐永海开辟出许多功能场室，主要用于资源班的教学，比如“游戏治疗室”“体能训练室”“精细动作训练室”“生活技能室”“音乐调理室”等，在这些场室里，学生们可以进行部分康体训练、社交技能、职业素养、自我引导等培训。

“前段时间我带着学生到超市去买菜，买了西红柿回来，让学生在生活技能室里学习简单的烹调，学着削苹果、榨果汁，孩子们很乐意进行这样的活动。”徐永海说，学校设立“资源课室”并不是为了让特殊孩子“标签化”，而是为他们进一步适应社会做好铺垫。“首先，学校会对新来的学生进行考量评估，看看他们的残障类型是什么，程度是多少，给每个孩子制定一个发展目标，再根据孩子的程度进行个性化辅导。其次，恢复较好的学生会安排到普通班级去随班就读，跟普通孩子正常融合。最后，我们的最终目标是可以实现让每一个特殊学生过上有质量的生活。”

新学期开始，孩子们在“资源课室”上的是“集体课”，有语文、数学、音乐、美术、体育、品德生活、心理健康、康复训练、职业陶冶等课程。“我们设立资源班不是为了把孩子隔离开来，而是为他们融入社会做好铺垫，有些程度较好的学生，我们也打算让他放到普通班里就读，已经制定出详细的个人学习方案了。”徐永海说，全校有600多名学生，不可能让每一位学生家长都支持校方的决定，但是，由于学校有接收片区内特殊学生的传统，家长阻力不是太大。此外，每学年新开学的家长会上，学校会向家长做一个情况说明，以此来尽量减少校方跟家长的分歧。

资料来源：梁艳燕．普通学校里的特殊班［N］．南方都市报，2015-10-28.

评析 在普通学校中开设特殊课程，是对随班就读这一项教育举措的进一步推进，它的存在与发展既需要一套自上而下的行政系统的支撑，同时也需要各位教师的共同努力。通过特殊课程中对孩子的个性化辅导，帮助他们制定发展计划，以此实现教育者的夙愿——“让每一个特殊学生过上有质量的生活”。

（三）基于优势视角，建立“帮”“扶”机制

1. 建立特殊关怀机制

对于不同类型的学生，教育者应该深知每一个学生的独特性，他们各自都有自己的优势和缺点，都会按照不同的方式不断成长。越是有特殊需求的学生就越需要得到特殊关爱，他们需要知识、能力以及情感的赋予。教育者应该为他们提供学习条件、创造学习机会以及恰到好处的帮助。与此同时，学校应该对于特殊需求学生建立“帮”“扶”机制。一方面是完善对特殊困难群体的救济机制，在对学生的帮助以及交流的过程中，引导学生发现自我的专长和闪光点，并提供平台促进其成长。另一方面，构建能够增强学生抗挫折能力的“帮”“扶”机制。例如针对学习困难学生，可以加强家校之间的合作，共同帮扶学生走出困难；对于家庭经济困难学生，成立了自我管理、自我教育、自我服务的“成长学校”。其中，“成长学校”主要是由家庭经济困难学生中的骨干组成，下设“政策宣传”“心理支持”“勤工助学”“学习辅导”4个组，从不同角度对家庭经济困难学生提供帮助。

2. 从“问题视角”转为“优势视角”

所谓“优势视角”（The strengths perspective）是一种关注人的内在力量和优势资源的视角。优势视角认为人们应当把个人的优势和资源作为社会工作过程中的焦点，而不应该仅关注其问题和病理。优势视角认为个人所具备的能力，可允许他们有效地应对生活的挑战。具备优势视角的教师会正视学生的不足，但他们更会关注学生能力的多样性和复杂性，他们十分清楚学生之间的差异性优势，因而他们会把自己的工作重心放在引导问题学生自内而外地发挥其潜在的能力上。有研究表明，优势视角并非牵强附会地让学生从低谷中振奋精神，而是帮助学生建立持久意义的精神与观念，[①]检验这一观点最重要的标准是，在没有教师或是同伴的帮扶下，学生是否知道应该怎样依靠自己的能力应对风险和处理问题。这应该是所有教育者对特殊需求学生的共同期待。

---

① 郑圭斌.“优势视角”——高校特殊学生群体教育的新思路[J].长春工业大学学报（高教研究版），2012(3): 125—127.

案例4-10

发现“闪光点”

——转变“问题学生”的关键

在我们班里有一个叫某某(化名)的同学,他不太爱说话,看上去很憨厚。记得去年刚来的时候,我发现他的手指都涂满红药水,我问他原因,他低头不语。后来从家长那儿知道,他经常啃自己的手指,有时竟啃到流血为止!我当时就惊愕了,此后我就开始留心这个孩子了。我发现他在与人交往方面也存在一些问题。他不知道该如何向别人表达自己的想法,与人交往的方式方法令人难以接受。其实他很善良,可就是因为这个原因,同学们都有意无意地疏远他,不愿意跟他做朋友。

看到这种情况我很担心,就利用课余时间找他谈话,给他谈啃手指的坏处和与人交往的方式方法,而他总是这里答应改,转头又管不住自己,还是不经意啃手指,为此经常有同学跑来告诉我说他如何如何。我也曾多次找他的家长沟通,共同教育,可都无济于事。

有一天上课,我发现某某在一个本子上偷偷写着什么,我拿过来一看发现他竟在写一篇小说。他这样做固然不对,但小说写得还是有模有样的。我就抓住这个机会,让他展示自己的作品,同学们都认为他写得不错。接着,我向他提出如果在学习上也能这样出色就更好了。那段时间,他每天都认真地做作业,我就及时在课上表扬他。还有一次,班里大扫除,他非常积极,抢着拿扫把打扫卫生,并用抹布把门窗擦拭得干干净净的。我立刻就在班里表扬他,要同学们向他学习,看他多热爱班集体啊!自此以后,他经常为班级搬水,有时还看见他自觉地为办公室搬水。在路上遇到老师,他总是热情主动问好,在体育馆也能经常看到他和同学们一起打篮球。在课下我也常抽时间和他聊聊天,听他谈读书心得,鼓励他写一些积极向上的励志文章。无意中我发现他的手指上一点红药水的痕迹都没有了。

由此看来,学生希望得到老师的认可,更渴望得到表扬。老师只要给“问题学生”多一点的关注,让他们的“闪光点”发光,使他感到老师时刻在关注他,还有就是不要吝惜老师的赞扬之词,有问题及时处理,有了进步更要及时表扬,这会激发学生强大的学习动力,增强自信心。

资料来源:发现闪光点,是转变问题学生的关键[EB/OL].(2017-11-27)[2021-06-25]. teacher.ruiwen.com/news/75286.htm

评析 教育真正的内涵不是教学经验的多少,也不是教学能力的高低,而是对学生的爱!能够发现学生闪光点的教师一定是一个有爱的教师，尤其是面对特殊教育的孩子们，没有爱，任何形式的说教都无法开启一颗封闭的心灵。十年树木，百年树人。面对有特殊需求的学生，当教师倾注了所有力量却没有成效的时候，也许你能做的最后一件事就是静待花开。

（四）做好与家长的有效沟通

1. 重视家长在学生成长中的不可替代性

著名教育家苏霍姆林斯基曾经说过，人的发展取决于母亲和父亲在孩子面前是怎样的人，取决于孩子从父母的榜样中怎样认识人与人之间的关系和社会环境。因为父母是孩子的第一任老师，所以家长在孩子学习中所扮演的角色尤为重要。[①]1994年联合国教科文组织通过了《萨拉曼卡宣言》，提出了“融合教育”的主张，鼓励家长参与有关特殊需要设施的规划和决策过程。《特殊需要教育行动纲领》中指出，“融合学校的成功需要一种不仅仅是教师和学校其他人员的努力，而且还包括同伴、家长、家庭和自愿者的共同努力”。由此，教育者可知，特殊需要儿童的教育是家长和专职人员的共同责任，学校与教师、家长之间应该建立一种支持性的伙伴关系。父母在孩子成长过程中的重要性是不言而喻的，尤其是那些特殊需要儿童的父母，他们可以不受时间和空间限制为孩子提供一对一的辅导，这是为人父母的权利，也是父母应当履行的义务。

2. 采取多样形式，保持与家长的密切联系

特殊需求学生的多样性与复杂性也决定了其家长的多样性与复杂性，这一特点就要求教师在与特殊需求学生的家长进行沟通时切不可千篇一律，而应该根据学生的不同情况采取不同策略。沟通是一门艺术，更是一种超越知识的智慧。如果教师与家长语言不通，或者教育观念不一致，就难以进行有效沟通。因此，教师应该与不同类型的家长寻找共同语言。特别是对于乡村而言，大部分家长受教育程度较低，如果教师在与这类家长沟通时满口“教育改革”“共同理想”之类的术语，家长就难以接受。面对这种情况，如果教师转化为家长能理

① 胡晓毅. 论特殊需要儿童家庭与专业人员合作的几个核心问题[J]. 中国特殊教育，2005(12)：7—11.

解的语言，就能够达到沟通的目的。除此之外，对于一些比较调皮的学生家长，教师更要谨慎行事，以免让家长感觉到“学生又犯什么错误”的抵触情绪。对于与学生家长的沟通，教师也应该坚持优势视角，首先应该肯定学生的长处，然后再主动与家长共同协商使得学生获得更好发展的途径，这样才能保证沟通的有效性。

案例4-11

女孩小金的故事

● 问题

苏老师：今年，我教的四年级四班有一个叫小金（化名）的女生，因数学成绩一直很差，常常遭到班级同学的白眼和歧视，使她本应该在充满憧憬的年龄却过早地被噩梦缠绕，成为一个沉默寡言、孤独的孩子。在与她家长的交谈中，我发现家长与孩子都承受着不同的心理压力，家长拿自己的孩子与其他孩子比较之后，产生了焦躁、失望甚至放弃的念头。

● 措施

苏老师：在与其家长的交谈中，我发现家长对孩子有很大的消极情绪。我告诉他千万不要把这种情绪带给孩子，并告诉他一些辅导孩子数学的方法，要求小金爸爸配合我的工作，小金爸爸同意了。

● 转折

小金爸爸：孩子一直以来应用题都较差，我们也很寒心，苏老师告诉我一些指导意见，让我有针对性地给她补习。我是开小卖铺为生的，有一天，孩子在帮我整理货架的时候，不解地问了我一个问题——爸爸，什么叫利润？我告诉她就是挣的钱。后来，我就顺势让她算了算我家小卖铺卖方便面的利润。此后，我开始利用小卖铺的食品、物品作为辅导她学数学的工具，并配合苏老师帮助孩子完成数学作业，慢慢地孩子看起来开窍了，会列应用题算式了。

● 效果

苏老师：经过一段时间与家长的联系，小金爸爸找到了通过实际生活情景来帮助小金理解数学应用题的数量关系的方法。由于家长注意到用她身边熟悉的事物来辅导她学习数学，使她对数学的理解能力明显提高。这个期末，小金的数学竟然第一次考了满分。我想，也许孩子的成绩在今后还有可能出现反复，我在下一阶段会针对她的情况，随时调整培养目标与教学方法，与家长继续联系、合作，帮助她学习。

资料来源：钱丽霞．普通学校促进不同学习需要学生有效参与的策略——可持续发展教育视野下的全纳教育实践研究［M］．北京：教育科学出版社．2008：57.

评析 家长是孩子的第一任的老师，家庭尤其是父母的作用是至关重要的。这是学校教育或社会教育所不可能替代的。对于特殊儿童的特殊教育，更需要家长的密切配合和巩固。因此，家长应该配合教师的工作，接受专业人员的指导，努力摸索出有效的沟通策略。正如曾经有位学者说的那样："教育是个动态的过程，教师和家长好比左手和右手，只有当左手拍向右手，我们的教育才有了方向；当右手拍向左手，我们的教育就有了力量。有方向、有力量，我们的教育就能向前走得更长更远。"

拓展阅读

1. 利・哈米尔，等．中重度障碍学生的教学——在全纳性教育环境中的应用［M］．昝飞，译．上海：华东师范大学出版社，2005.

2. 郑信军．聚焦处境不利学生：社会性发展研究的对象关注［M］．杭州：浙江大学出版社，2007.

3. 施建农．超常儿童成长之路——中国超常教育30年历程［M］．北京：科学出版社，2008.

后续活动

"一切都是因为你"工作坊方案

一、坊前准备

1．问题

问题一：你觉得一名特殊教育的教师最需要的是什么品质？

问题二：特殊需要学生与普通学生的区别和相似处分别在哪儿？

问题三：如果你的班级中存在特殊需要学生，试着描述一下，你会怎样对待他？

问题四：目前学校在对待特殊需要学生的问题上，有哪些不足？还有哪些方面有待于改进？

2．目的

（1）理性目标：通过工作坊对问题的细化，促进教师找到对于特殊学生多样需求的解决方案。

(2) 体验目标：通过工作坊的情景设置，引导教师释放自己的情绪和感受，如心酸或感动。

二、情景设置

1. 目的

(1) 促进教师快速进入情景。

(2) 从侧面检验此次培训对教师的影响。

2. 设置

再次播放培训前开始的短片《一切都是因为你》，本环节设置与培训开始前同样的问题。

(1) 看完短片后，谈谈各自的感受。

(2) 如何理解“他们，是被上帝咬了一口的苹果；他们，是折翼的天使。”可以从侧面看出此次培训对教师的影响。

三、头脑风暴

1. 问题

从准备的4个问题中，任选一个，以“你觉得一名特殊教育的教师最需要的是什么品质”为例。

2. 一次分组

整体培训团体随意分成4—5人的小组。

3. 要求

用几个关键词快速列出想法和问题，让所有人都参与贡献想法、提取团队最好的初步思考。在4—5人的小组中，讨论这些想法，并筛选出要求的想法，将这些想法写在卡片上。每个小组要写的卡片数量取决于参与者的人数和分组。请每个小组选择最想分享的卡片，收集到卡片后，将卡片随意张贴在墙上并逐一读出内容。

四、分组

1. 环节

卡片配对、收集第二轮卡片，给每个群组做标签等。

2. 目的

二次分组打破了原有任意分组的无规则性，推动了教师团队的直觉，发现了共识点，形成了新的关系，使教师找到自我认同群体，在拥有共识、识别共识中，探讨有关特殊需要学生的问题。

五、探究提升

1. 探究问题

(1) 以事实陈述形式展开对问题一的讨论，如“你觉得一名特殊教育的教师最需要的是什么品质?”

(2) 以画图形式展开对问题二的讨论,如“特殊需要学生与普通学生的区别和相似处分别在哪儿?”

2. 提升总结

(1) 对问题一,各小组可以采取互评的方式做总结提升。

(2) 对于问题二,各小组展示最后的成果,并选取代表陈述理由。

六、反思

(1) 回顾自己在执教多年对特殊需要学生群体的关注,反思做的不足的地方。

(2) 反思所在学校在对待特殊需要学生的问题上,有哪些不足? 还有哪些方面有待改进?

专题五

乡村学校公平的外部支持

假舆马者，非利足也，而致千里；假舟楫者，非能水也，而绝江河。君子生非异也，善假于物也。

——《荀子 · 劝学》

导 入

问题：

您如何看待外部资源对促进学校公平的作用？

您认为促进学校公平的外部资源有哪些？

您在促进学校公平中利用了哪些外部资源，是怎么用的，效果怎么样？

步骤：

(1) 课前，先请学员独立书写对以上3个问题的回答。

(2) 组织小组讨论，要求学员基于个人观点，概括外部资源的类型与功能，总结小组成员在办学过程中利用外部资源促进学校公平的共同经验与独特经验。

(3) 请各小组陈述并展示讨论结果。

(4) 不同小组之间进行讨论交流，达成初步共识。

(5) 授课教师总结各个小组的讨论结果，引入教材讲授内容。

一、外部支持对乡村学校公平的意义与价值

学校公平的核心是学习机会与学习资源的分配。与此相关，学校公平程度涉及学校教育教学的两个层面，一是学习机会与学习资源的丰富程度与优质程度，二是学习机会与学习资源的分配原则与分配方法，前者涉及“蛋糕”的数量

与质量，后者是涉及“蛋糕”分配的方式与方法。随着学校教育教学领域复杂性与开放性的持续增加，学校内部学习机会与学习资源的数量、品质以及分配方式或多或少地与学校外部力量发生着这样或者那样的联系。本部分试图从学习机会与学习资源的数量、品质及其分配方式的角度，说明学校公平寻求外部支持的必要性与可能性。

（一）乡村学校外部支持的缺失

顾名思义，乡村学校是存在于乡村之中、服务于乡村孩子的教育教学场所。在中国历史上，随着西周官学衰败后私学的盛行，学校教育才开始触及乡村地区。基于教育机构的类型划分，可将乡村教育的历史发展阶段划分为四个时期：私塾教育时期、新式学堂时期、乡村学校时期和“后乡村学校”时期。私塾教育时期，乡村学校与乡村社会紧密关联，乡村学校的存在与运作离不开乡村宗族的大力支持。新式学堂时期，乡村学校的运作主要来源于自上而下的力量，乡村学校呈现出“离农”的倾向，以致于陶行知大声疾呼：“中国农村教育走错了路。他教人离开乡下向城里跑……”[①]乡村学校时期，随着国家下放权力、大力推进义务教育，乡村学校如雨后春笋一般地大量出现，此时乡村学校与乡村社会之间保持着紧密的联系，因为乡村学校依旧需要乡村社会给予必要的经费支持、人员支持以及基本条件保障支持。2001年颁布《国务院关于基础教育改革与发展的决定》，开始大批量撤并乡村学校与教学点，乡村教育进入“后乡村学校”阶段，随着国家逐步实施以区县为单位的学校经费投入与管理模式，乡村社会在乡村学校中的力量被国家力量所替代，在减轻乡村教育负担以及保障乡村学校教育教学质量的同时，乡村学校开始从内（教育目标、教育内容）到外（经费依赖、管理权限）脱离乡村社会。

从现代化的进程看，乡村教育逐步由国家力量主导，呈现出“离农”的价值取向，慢慢脱离乡村社会，这是乡村教育进步的重要标识。但是，在一定意义上，乡村学校与乡村社会的关系变迁是导致乡村学校缺少乡村社会外部支持的重要因素。除此之外，随着城乡二元格局的不断强化，城市成为国家经济社会发展的主导，乡村成为经济社会发展的弱势，乡村社会对乡村教育的支持

① 陶行知．中国教育改造［M］．北京：人民出版社，2008：69—70.

力度难以与城市对城市教育的支持力度相媲美。虽然近些年国家出台了大量的政策，比如城乡一体化、乡村教育经费减免、乡村教育扶贫等，但是国家力量仍旧难以对乡村学校的日常运转提供足够的支持。由此造成了乡村社会外部支持的缺失，具体表现为教育政策支持不足且难以落地、乡村社会支持几乎处于空白、社会力量支持不成体系，最终导致乡村学校外部支持体系不健全、机制不完善等主要问题。乡村学校外部支持体系的缺失以及落实机制的种种困境，从外到内地影响着学校教育教学的数量与质量，除了导致城乡教育区域不均衡之外，还会影响乡村内部可分配的教育教学资源，最终导致乡村学校公平存在种种困境，乡村学生享有公平又有质量的发展机会成了奢望。

案例5-1

村落中的“孤岛”[①]

自从学校成为区县管理之后，当地村委对学校的硬件建设、软件建设不管不问，无论是日常管理，还是学校基本条件的维持，村委都没有尽到应尽的责任。这样的情况常使教师处于非常为难的地步：村委干部们不管、家长们苛责、上级领导基本不到学校里来。在乡村教师们看来，村落再也不愿意帮助学校，不愿给予学校教育教学必要的社区支持、家庭支持以及文化支持，乡村学校似乎成为了“村落中的孤岛”。在乡村孩子们看来，乡村学校是个“苦难之地”，上学路途遥远艰苦，住宿生活困难重重，教育教学质量低下，课外生活单调无聊，思念双亲情感煎熬。

评析 作者基于乡村的田野调查，描绘了一种乡村学校的“苦难”情境，这具有一定的普遍性。从案例中可以看出，学校在很大程度上摆脱了对村落的依赖，也失去了村落原有的支持；夹在学校、村落中间，学生的生活与学习就要遭受更多的困难与挫折。在基础教育改革强调学校与社区之间充分互动的时代背景下，乡村学校的这种存在方式理应引起政府、村委、学校、家庭等相关主体的高度关注，合力提升乡村学校的外部支持力度，打造支持乡村学生全面健康发展的学校教育生态，提高乡村学校公平的可能性。

① 李学良．失去学校的村庄与远离村落的学校——贤村教育的田野考察[D]．上海：华东师范大学，2014：5.

（二）乡村学校外部支持的价值

如果将乡村学校看作一个运行中的教育系统，那么乡村学校的存在与发展必须保持其开放性，它需要在多个层面与外部环境发生关联，以保证其存在与运转的可能性。进一步而言，乡村学校作为社会的子系统，一方面需要社会为其源源不断地提供相应的政策支持、经费支持、课程标准、教学内容等涉及教育教学秩序的外部支持，另一方面也需要社会为其存在与良性运转提供相应的人力资源、资本资源、智力资源以及材料、设备。如果没有这些必要的外部支持，乡村学校难以运行，更不用说提供高质量、公平性的教育教学资源了。具体到乡村学校公平问题，乡村学校外部支持的价值主要包括如下两个方面：

1. 借助外部支持将乡村学校公平的“蛋糕”做大、做好

邓银城从载体的角度将学校内部教育资源分为有形教育资源和无形教育资源，有形的教育资源主要包括教育设施、教学仪器、图书资料、师资队伍、教室中的座位安排、作业的批改等；无形的教育资源主要包括教师的关注、教师的评价、当选学生干部的机会、课堂师生互动的机会、教师传授的知识等。[①]樊晓敏将校内教育资源配置分为四个维度，即硬件资源、课程资源与教师资源配置；教学模式、教师课堂内外对学生的行为与态度、教师与学生互动的质量和程度；差异化评价；学校毕业指导要促进毕业生的发展机会。[②]无论是哪种划分方式，我们都可以将用于公平分配的学校教育教学资源概括为学习权利、学习资源、学习机会三种类型。这三种类型分配的公平程度，首先依赖于资源的总量，即“蛋糕”越大，每个学生获得的可能性就越大，教育公平就越容易达成。因此，借助外部支持，比如引入优秀的课程资源、学习资源包，能够扩大学生可用的学习资源，就容易尊重每个学生获得课程与学习资源的权利，进而就更容易让学生获得学生想要的学习资源与学习机会，避免因资源不足造成教育公平始终难以达成的困境。

2. 借助外部力量提高学校教育公平执行过程的治理水平

如果说将教育教学资源这块“蛋糕”做大、做好是提升乡村学校公平程度

---

① 邓银城．论学校内部教育资源合理配置与教育公平［J］．教育研究与实验，2010（6）：56—59.

② 樊晓敏．初中阶段校内教育公平问题研究——以海口市为例［D］．海口：海南师范大学，2014：12—21.

的第一步，那么如何更好地分配好教育教学资源这块“蛋糕”则是紧随其后的关键一步。从一定意义上说，乡村学校若想将复杂的教育教学资源公平地分配好，需要构建校内外相关主体参与的学校教育公平治理体系以及加强治理能力，来提高学校教育公平执行过程的治理水平。汪锦军研究认为，农村公共事务是在政府、基层自治组织、社会组织共同作用的网络中展开的，其中政府提供制度、理念与资金支持，村级组织发挥重要角色，社会组织起到动员的补充作用。[①]同样，在理想的学校公平治理体系中，需要县乡政府发挥制度与资金支持角色，学校发挥教育教学专业性资源的分配角色，村委、乡村社会组织发挥号召和动员群众的角色，家庭与个体发挥补充性的支持角色，从而在治理体系中实现价值共享、各司其职、互动共生，保障教育教学资源分配的有序性与公平性。比如，村民志愿者若能在学生放学时帮助教师做好秩序维持和安全保障工作，教师就可以抽出时间和学生的家长进行深入的交流，提高家校合作的水平，帮助学生获得刚好的、更适合的、更公平的学习资源与关注度。反过来，若教师把精力用在了维持秩序和安全事务上，教师就缺少了有效的精力进行必要的家校沟通，进而影响了教育公平的执行效果。

如果将关乎乡村教育公平可用的分配资源比喻为“水”，那么前者就是借助外部力量“多打几口优质的水井”，提高水的供应总量与水的基本品质，后者则是旨在提高水资源分配的制度规则、分配机制及其执行力。当然，借助外部力量需要乡村学校具有将外部力量转化为学校教育教学资源及其分配的支配能力与转化能力，保障外部力量参与具有正向的影响作用，以免造成外部力量成为影响学校公平的负面因素，“引狼入室”，适得其反。比如若因为某个家长积极参与学校的教育教学工作，就给予其子女更多或更优质的教育教学资源、学习机会，反而会形成不利于学校公平持续提升的不良机制。

（三）乡村学校寻求外部支持的可能性

乡村学校公平外部支持理论价值与实践缺失之间的矛盾是由什么原因造成的呢？只有弄清这个问题，才能回答乡村学校寻求外部支持的可能性何

① 汪锦军．农村公共事务治理——政府、村组织和社会组织的角色［J］．浙江学刊，2008(5)：113—117.

在。通常来说，造成这种矛盾的原因可以假设为如下几点：一是乡村社会周围没有充分的教育教学资源和支持性力量，所谓“巧妇难为无米之炊”；二是乡村学校的校长和教师没有充分重视寻求外部支持的重要性，抑或没有整合外部支持的能力支撑，导致乡村学校外部支持的主观性缺失；三是上述两个点交织作用的结果。接下来，我们来探讨哪一种假设更符合乡村学校实际。

耿海英在考察学前教育资源开发与特色发展问题时发现，乡村地区可以挖掘的教育资源多种多样，主要分为自然资源和人文资源，其中自然资源包括开阔的场地、动植物资源、水资源、气候资源、矿产资源等，人文资源包括民间游戏、民间故事、民间文学、民间风俗、民间艺术、民间歌谣、名胜古迹以及家长的生活经验等。除此之外，还包括祭祀活动、赶集庙会、婚丧嫁娶、传统游戏、竞技以及社区活动室、体育室、体育场馆等社区资源。[①]虽然耿海英的研究主要是针对乡村学前教育的资源开发问题，但是这些资源对于任何阶段的乡村学校都具有不可低估的教育教学价值。当然，除了这些可用的教育教学资源之外，乡村社会还有村委、村组等社会组织力量以及家长、村民等民间主体力量，这些力量可以参与学校的校内外管理、社会动员、资源转化等教育教学支持性工作，形成乡村学校公平的治理体系、治理机制，从而在治理过程中整体上提高乡村学校公平的治理能力。

关于乡土教育资源的开发与使用问题，张圯姣等人考察了重庆市三区县乡土教育资源的开发和应用情况（如表5-1所示）。从表中不难看出，尽管作者认为当地乡土教育资源相对缺乏，但是每个地区还是拥有具有独特优势的乡村教育资源，如綦江区有丰富的文化资源农民版画，奉节县有独特的农产资源脐橙，万州区有兼具历史与工业制造的诗仙太白酒，这些资源都具有重要的教育教学价值。从开发与使用情况来看，綦江区对农民版画的开发使用情况最好并成为当地的教育亮点，奉节县对脐橙的开发使用力度不足且效果不佳，万州区则好像直接忽视了诗仙太白酒的教育资源价值。由此推断，每个地区都有可供开发与应用的乡村教育资源，关键在于乡村学校开发使用的意愿、程度与效果。

① 耿海英. 农村学前教育资源开发与特色发展问题研究[D]. 锦州：渤海大学，2013：9.

表5-1 重庆市三区县乡土教育资源的开发和应用[①]

地区	特色资源	开发与应用	主要问题
綦江区	“中国农民版画之乡”，拥有丰富的版画资源。版画兼具审美情趣和情感表达功能，将其纳入乡土教育资源，对农民版画的继承创新、少儿版画的探索发展、小学生家乡归属感和自豪感的培养具有重要价值。	20世纪80年代，承接农民版画的少儿版画蓬勃发展。1993年在北京举办“綦江县陵园小学儿童画展”。版画各种题材广泛应用，版画的开发与运用会成为綦江教育领域的一大亮点。	创作题材陈旧无特色，新颖题材缺乏；课程过多重视少儿版画的作品质量而非学生的创作意图和情感表达；教学过程过分注重专业技法和色彩搭配而非学生的创造性。
奉节县	因为气候适宜、土壤肥沃、交通便利，便于脐橙的生产、销售和运输，脐橙成为当地最具代表性的农村特色乡土资源。富有特色的脐橙可弥补当地教育资源不足这个突出问题。	当地把脐橙作为特色乡土教育资源引入学校教学，从选苗、种植、采摘、储存、运输以及销售等方面培养学生数学、美学、文学、劳动实践、管理学以及经济学等方面的能力。	应用力度不足、教学效果不佳是最为突出的问题，比如教学方法，仅局限于图片的展示和抽象资料的介绍，单调乏味，无法达到预期教学效果。
万州区	诗仙太白酒的传统酿制技艺以及产酒所需的歇凤山泉、大米、小麦、玉米等原料便于学生接触和深入了解，能够让学生领悟到诗仙太白酒的历史韵味，生发出对家乡浓浓的依恋之情。	当地许多乡村学校小学在乡土资源对小学教育的重要性上认识不足，教育理念匮乏，几乎没有使用诗仙太白酒这一优秀的乡土教育资源。	缺乏教育理念，忽视乡土教育资源的重要性，没有完整详实的开发利用体系，在教学上的利用更是寥寥无几。

当然也有乡村校长认为，乡村学校可以使用的外部教育资源肯定是有的，但是这些资源开发使用的难度太大，学校没有足够的能力将其吸收并转化。这一认识的前提是体系完整、转化充分的乡村教育资源更有使用价值。杜威在提及引进社会资源开发学校活动课程时提出了三条告诫：其一，避免过多的形式命令与规定，给予学生选择、试验、错误与修正错误的机会，以激发创造力；其二，避免过多注意良好的结果，不要给予学生现成标本使学生机械地模仿，而要给予学生原始材料与独立思考的机会；其三，避免过多在意专门技术，而要关注学生对目的或目标的整体领悟。[②]从这个意义上说，作为更多原生态的、开发不

① 张圯姣，张培，汤伶俐，欧双明．农村小学乡土教育资源的开发及应用研究———以重庆綦江、奉节、万州等区县为例[J]．重庆第二师范学院学报，2016(3)：110—113.

② 杜威．平民主义与教育[M]．常道直，编译．杨来恩，校订．福州：福建教育出版社，2016：148—149.

充分的乡土教育资源更有促进学生生命成长的可能性。除了乡村学校所在地的乡土教育资源之外，在乡村教育基本实现"宽带网络校校通、优质资源班班通、网络学习空间人人通"的今天，各级各类教育网站以及民间组织网站有大量的网络课程教学资源可用。因此，虽然乡村学校可用的外部支持要少于城市学校，但是并不意味着乡村学校不能获得相应的外部支持。乡村学校校长与教师需要改变"唯城市教育资源是好"的理念，重新审视寻求乡村社会以及网络空间中外部支持的价值与渠道，充分利用外部支持来提高乡村学校公平水平。

二、乡村学校公平外部支持的类型与特点

既然乡村学校公平的外部支持如此重要，那么乡村学校公平外部支持有哪些类型，不同类型的外部支持又有哪些内容和特点？理清这些问题，将有助于乡村学校的领导者和教师更好地寻求外部支持。基于外部支持提供者的不同，可将乡村学校公平可能的外部支持划分为政府支持、家庭支持、社区支持和社会支持。

（一）政府支持

21世纪初期的乡村中小学大面积合并之后，乡村学校主要指学前教育段的幼儿园以及义务教育段的小学、初级中学，加上我国义务教育经费投入机制已经由"以镇为主""以县为主"转为当下的"省级统筹，以县为主"，故乡村学校的举办职责主要由地方政府承担。另外，因为"我国现实的国情决定了行政部门拥有丰富的资源和强大的资源配置权利"[①]，乡村学校只有获得中央政府和地方政府的经费、项目以及政策支持，才能获得教育教学质量提升所需的资源保障与政策保障，将"蛋糕"做大做好，为学校公平水平的提升打下坚实的基础。

政府支持，顾名思义，是指中央政府和地方政府行政机关提供的政策支持与资源支持，主要表现为政府主管部门出台的法律法规文件、建设项目以及其他资金物质支持。比如2018年中共中央、国务院印发的《乡村振兴战略规划（2018—2022年）》中，在"增加农村公共服务供给"方面提出"优先发展农村教

---

① 陈伟. 革命老区学校体育发展中的外部资源动员研究——以红军小学为例[D]. 北京：北京体育大学，2019：36.

育事业”，其中涉及的加强寄宿制学校建设、乡村学校信息化基础设施建设、乡村教师支持计划等对乡村学校硬件和软件提升有很大的帮助。再比如近些年国家与地方政府重点推出“精准扶贫”项目，“教育精准扶贫”是其中最为重要的内容，项目涉及众多的经费支持、项目支持、政策支持，是乡村学校不可错失的提升良机。中央政府相关重大政策的出台，地方政府都会制定详细的建设项目或支持政策计划，地方政府的项目与政策是直接对应于辖区内的乡村学校，更是乡村学校要重点把握的政策契机。除此之外，各区县教育系统网站上基本都有大量本地积累或者政府购买的优秀课件库、试题库、学习资源库以及科研资源查阅平台、教育教学平台等资源，都会免费提供给辖区内的教师使用，乡村学校要充分利用这些优质资源。

政府支持的主要特点是隶属于政府管理体制内的政策支持或资源倾斜，带有明显的行政色彩，支持力量主要来自于行政力量与政治手段。这些特点导致行政支持具有两个鲜明的属性：其一，以行政力量为支撑，行政支持具有支持力度大、持续时间长、效果直接明显等特点；其二，正是因为行政支持的行政色彩，学校获得地方政府行政支持的难度颇大。这就需要乡村学校做好两个方面的工作：第一，要及时把握中央政府以及地方政府的重大政策契机，最大程度地扩大教育政策支撑下的发展空间与资源支持，推进学校硬件建设和软件提升；第二，要与当地教育主管部门保持不间断的良好互动与沟通，及时汇报学校发展中的现状与问题，以利于地方教育政策在制定与项目设计时充分考虑学校的发展情况，尽可能多地寻求地方政府的政策支持。

案例5-2

保康县教育局开展精准扶贫，全力资助乡村贫困家庭①

近年来保康县教育局积极开展精准扶贫，全力资助乡村贫困家庭，助力乡村学校提高教育公平水平。首先，投入1.8亿元改造乡村薄弱学校，新建、扩建校舍，建设塑胶跑道、标准食堂，为中小学和教学点配备“班班通”设备，在每个

① 杨太兵．照亮贫困家庭的未来——保康县教育局实施精准扶贫工作纪实［J］．湖北教育（综合资讯），2016（3）：13—14.

乡镇建立中心幼儿园，为每个乡村学生提供公平优质的教育机会。其次，以政策资金为主渠道，将大多数乡村贫困学生装进政策资助的“大笼子”，依照“教师家访、村委会审查、学校评审”，建立学前教育幼儿资助、义务教育贫困寄宿生生活补助、普通高中及中职贫困生助学金、中职学生免学费等政策资助体系，同时积极争取社会公益资金的支持，先后设立东方康明斯、兴发、清泉、紫薇励志、日月光等奖助学金，为乡村特殊贫困学生提供资金资助。最后，制定城乡教师交流制度，教师培训向乡村薄弱学校教师倾斜，加大对乡村教师资源的倾斜力度。

评析 保康县教育局从硬件建设、学生资助到教师资源均制定了结构完整的乡村学校支持体系，支持力度大，持续时间长，获取机会均等。类似这样的政策，我国很多区县都有涉及，乡村学校要及时把握区域性的支持政策，保持与教育行政部门的沟通，努力在硬件建设、学生资助、教师配置、教育教学资源等多方面争取政府资源的大力支持，一方面为所有学生提供优质的教育教学资源与师资资源，另一方面为贫苦学生提供精准的特殊对待。

（二）家庭支持

家庭教育是乡村教育的重要支撑。世界各国在推进乡村教育发展时，均高度重视家庭教育的作用，比如瑞典以法律形式明文规定了家长要文明教育儿童；美国在2006年和2011年先后出台《儿童和家庭服务改善发展》《儿童与家庭服务改善和创新法案》来确保儿童生活在安全而稳定的家庭中；日本要求家长参与学校组织、全国性的、与孩子教育有利的乡村特色知识教育活动；加拿大、意大利实施了“家长强制休息”陪护孩子制度。[①]在我国乡村教育中，留守儿童比例较高，家庭教育的缺失普遍存在，家庭教育或者家庭对孩子成长的积极支持是稀缺资源。因此，乡村学校需要充分动员和调动学生的家庭支持、家庭资源，为留守儿童等弱势学生提供基于家庭支持的个性化情感教育与道德教育。

① 于海洪．部分发达国家保障乡村教育发展的经验与启示［J］．比较教育研究，2018(8)：31—37.

家庭是孩子生活成长的核心空间，父母是孩子的第一任老师，家庭中蕴含着丰富的教育资源。家庭所蕴含的教育资源主要包括情感发展资源、生活教育资源、劳动教育资源等，孩子可以在家庭中学会基本的待人接物、生活技能、生活态度以及生活所必需的人生观、价值观、世界观等个体生存的基本素养。与学校作为理性的学习空间相比，因为家庭是具有高度个性化的生活空间，家长更便于了解孩子的需求与个性，更有“因材施教”的可能性，因此能够在一定程度上补充、缓解或者纠正学校教育在公平上做不到或者做得不到位的地方。除了家庭生活中蕴含的教育资源之外，家长自身承载着重要的教育资源或者教育支持，比如拥有一技之长的家长可以作为学校综合实践教育的兼职教师，比如家长可以作为学校管理的参与者来帮助学校做好后勤管理、安全管理，再比如文化程度较高的家长可以为学生提供免费的学习辅导，这些力量的动员都有助于提高乡村学校的公平水平。

乡村当下农村青壮年人口的外流，导致家庭教育的缺失以及家长支持的缺乏，加之家长合作意识薄弱、教育品质不高等问题，乡村学校动员家庭支持面临着重重困难。乡村学校要充分重视家庭支持的重要性，一方面要动员学生家庭的留守人员参与学校的管理工作、教学工作，另一方面要多利用信息网络等现代技术保障家长与孩子的情感纽带，最大限度地挖掘乡村家庭的支持性力量，弥补乡村家庭对孩子成长支持不足的问题。

案例5-3

家校合作共谱劳动教育新篇章[①]

山东省德州市经济技术开发区付庄小学开展家校联动，合作开展劳动教育工作。① 为家长开设劳动教育指导课，开展优秀妈妈讲座，转变家长观念，转变家长对孩子做家务的认识。② 除教师之外，邀请拥有劳动特长的妈妈进入课堂教学，在家庭中要求家长负责指导孩子开展劳动技能实践。③ 借助社区和家长的力量，建立付庄社会劳动实践基地，让学生走进社区感受劳动场面以及农民劳

① 乔连杰. 家校合作共谱劳动教育新篇章[J]. 教育(周刊)，2020(24): 1.

动的辛苦。④ 邀请家长参加劳动技能比赛和劳动风采展示活动，共同展示亲子家务劳动故事或照片。经过一段时间的学习，80%的学生至少掌握了一门劳动技能，90%的学生养成了良好的卫生习惯，显著改善了学生劳动态度、劳动能力、劳动习惯等劳动素养。

评析 2020年颁布的《中共中央国务院关于全面加强新时代大中小学劳动教育的意见》指出，要“把劳动教育纳入人才培养全过程”，“贯穿家庭、学校、社会各方面”。我们从案例中的付庄小学看到了家庭资源在劳动教育中的重要价值，通过开展家长培训、邀请家长进课堂教授与指导学生家务劳动、开展亲子劳动比赛展示等系列家校合作活动，充分利用了家庭资源，实现了学校劳动教育与家庭劳动教育的合力共育，为每个学生劳动素养的提升提供了强有力的内外支持。

（三）社区支持

2018年颁布的《乡村振兴战略规划（2018—2022年）》指出：“乡村是具有自然、社会、经济特征的地域综合体，兼具生产、生活、生态、文化等多重功能，与城镇互促互进、共生共存，共同构成人类活动的主要空间。”作为乡村基本公共服务体系的重要组成部分，乡村学校不仅仅是存在于乡村空间中的专门教育机构，还应该纠正近代以来的“离农”倾向，在乡村振兴战略的框架下将自身作为乡村的建设性力量，成为乡村文化与体育活动的中心区域、学习型社区建设的引领者以及乡村文化生产与再生产核心，从而在参与现代乡村建设中不断获得与持续生成乡村社区对于乡村学校的支持性力量，实现乡村学校与乡村建设的共生共荣。

乡村学校的社区支持大致可以划分为三种类别：一是乡村的劳动场所、传统建筑、历史古迹以及风俗民情、传统节日、节庆活动、地方戏曲等文化教育资源；二是乡村基层组织在乡村振兴建设中的项目、资金、信息技术条件以及在学校与社区合作中具有的组织、协调、动员等组织资源；三是村民或者乡村民间组织身上具备的实践性知识、特殊技能以及成为乡村学校各项工作志愿者等人力资源。乡村社区支持的核心特点是社区支持围绕着乡村学校而存在，与乡村学校共享同样的时空，因此具有组织性不强却又容易获得的特性。当然，因为乡村组织、村民与乡村学校及其教师的文化、身份隔阂，在尚未形成共享机制时乡村学校获得社区支持存在较大难度。这就要求乡村学校主动与社区、村民进行积极有效沟通，在具体的实践中形成相互支持的共享共建机制。

案例5-4

立足乡村实际开展社会实践教育活动[①]

上海市奉贤区邬桥学校是一所九年一贯制的乡村学校。建校40年，邬桥学校少先队组织始终立足农村实际开展社会实践教育活动。① 70年代末开展“一生一盆花”活动。中队辅导员指导队员们各尽其能，想办法拥有一盆自己的花，鼓励学生找个不用的碗，到沟边挖一棵野花栽进去，各自浇水、施肥、松土，彼此分享养花的经验与喜悦。② 80年代初组织少先队员进村组、进家庭、进农田活动。纠错小分队利用星期天和节假日，给生产队的标语挑毛病、挖坑栽树、清扫道路，说服村委会设置班级试验田。③ 80年代末开展“提升课余情趣”活动。针对学生不良的课余活动，策划开展草编、塑编、剪纸比赛，用沟边随处可见的长茎草和废弃输液管编出各种造型，培养审美能力与动手能力。④ 90年代开展“认识我们的家乡”活动。依托社区支持，组织贝壳沙地层地质考察活动、社区浦江游览环境教育活动、“新农村，新风貌”社区考察活动，让学生认识自己的家乡。⑤ 新世纪开展“关注我们的生活环境”活动。针对厂房大规模建设后的河水污染问题，组织实地考察寻找黑水的源头，绘制沿路工厂示意图，实地查找工厂排水口，团队向全校汇报调查情况并号召实行保护水源活动，并撰写调查报告提交村委会。

评析 邬桥学校建校40年以来，始终依据学校周围社区的实际情况，不断调整学生的社会实践教育活动，充分利用了乡村社区的自然资源、土地资源、文化资源、环境资源以及社区组织的支持资源，保障学生的综合实践活动始终与乡村发展中优质资源和核心问题相关联。同时，该校又保障了学生综合实践活动的可行性、科学性，也建立了与乡村社区共建共享的沟通机制。

---

① 张律. 立足农村实际 加强体验教育活动——奉贤区邬桥学校少先队活动四十年回眸[J]. 中国农村教育，2019(8)：10—12.

（四）社会支持

社会支持是乡村学校外部支持的重要组成部分，这种支持能够突破乡村学校所在地的时空界限，在全国乃至全世界范围内获得相应的资金、资源等支持。社会支持主要包括企业、社会组织以及社会个体提供的资源支持或人力支持。基于国家税收政策利好、树立企业形象、与政府维持关系、举办者的教育情怀等方面的原因，许多资金实力雄厚的企业具有通过慈善捐赠等公益活动回馈社会的强烈意愿。另外，随着我国社会组织的快速发展，社会组织成为从事社会公益事业以及相关资助的重要力量。近些年，许多企业和社会组织响应国家的号召，越来越多地参与或设置乡村教育项目，它们是乡村学校不可忽视的外部力量。

社会支持主要包括企业与社会组织提供的资金支持、项目支持、资源库支持、人力支持、智力支持以及平台支持等。因为社会支持更多是企业、社区组织、社会个体基于组织或者个人意愿提供的公益性资源，不像政府受到各种条条框框的制约，因此社会支持的突出特点是公益性与灵活性。与此同时，除非实力强大、意愿强烈的公益组织（比如中国扶贫基金会等），一般企业、社会组织或个体发起的公益项目，常常具有随意性、短期性的特点。因此，乡村学校寻求社会支持需要不断关注企业与社会组织提供的项目与资源，根据条件积极申报，获得申报后要主动与资助者保持沟通，及时反馈资金、资源的使用情况以及学校教育教学发展情况，保持资助者持续资助的兴趣与信心。另外，基于企业、社会组织、个体树立自身形象的需求，乡村学校要积极参与或者组织相应的宣传活动，帮助企业、社会组织、个体在当地树立良好的社会形象，达到双赢的效果。

案例5-5

中国扶贫基金会乡村教育发展项目[①]

2011年10月17日，中国扶贫基金会正式启动“筑巢行动”项目，旨在为贫困地区的乡村小学修建学生宿舍，为贫寒学子撑起一个温暖的家。该项目得到中

① 资料选编于中国扶贫基金会官网，参见：乡村教育发展项目［EB/OL］.［2021-08-18］. http://www.cfpa.org.cn/project/GNProjectDetail.aspx?id=92

央电视台新闻频道的大力支持，引起社会各界的广泛关注，众多爱心企业和爱心人士纷纷慷慨解囊。在众多爱心企业和爱心人士的支持下，截至2019年底，项目认捐资金超过1.2亿元，已在全国20省101县援建226所学校宿舍，受益人数约9.3万人。

此外，中国教育基金会还设置了“书路计划”项目，旨在帮助阅读资源有限的乡村学校建立电子图书馆，充分利用电子阅读器的优势，为全校学生提供大量的适合他们的书籍，并且进行定期更新、远程管理。由于在贫困地区，儿童的阅读资源非常稀缺，其儿童图书人均占有量不足10本，并普遍存在课外读物缺乏、陈旧、单一、缺少不同年龄儿童读物等现状。通过“书路计划”等项目改善贫困地区儿童的阅读条件，是教育扶贫的应有之义。自“书路计划”项目实施4年以来，受到爱心企业与爱心人士的广泛关注和支持。截止到2018年12月底，项目已在10省24县126所学校建成136个电子图书室，受益学生达到53480人。

评析 中国扶贫基金会致力于提高乡村学校的教育水平，促进乡村学生的全面发展，为此，其开发设置多种公益项目，为全国各地的乡村学校提供公益援助，切实帮助乡村学校改善“硬件”资源（如宿舍）和“软件”资源（如电子图书馆）。中国扶贫基金会凭借其社会影响力，吸引了广泛的社会捐赠，得到了社会多主体（如企业集团、其他慈善基金会、国家事业单位、社会爱心人士）的支持，以上资源的融合与支持，对于关注乡村学校、振兴乡村教育十分有利。

三、动员外部力量支持学校公平的若干策略

动员外部力量支持学校公平需要一定的动员能力与动员策略。动员策略的制定需要充分考虑动员所需的资源成本、获得支持的力度以及参与者的人数等多方面因素，故不同类型的支持力量需要不同的动员策略。

（一）政校对话开启政府资源

政府支持主要通过行政力量自上而下地动员体制内的支持性资源，乡村学校与政府属于行政组织体系内的上下级隶属关系，具有明显的官方色彩。乡村学校动员政府支持需要在动员主体与动员客体上下级的框架内进行，乡村学校

作为动员主体往往处于弱势的一方，政府作为动员客体掌握着主动权，动员成功与否的关键在于学校与政府相关部门以及工作人员的沟通与联系情况，故开展有效的政校对话是开启政府资源的基本策略。

具体到操作层面，乡村学校开展政校对话需要在以下两个基础上进行：一是乡村学校需要充分把握学校办学的历史、特色与问题，结合党的教育方针和国家教育发展战略，明确学校未来的办学方向与发展规划；二是乡村学校需要保持对国家与地方政府相关政策、项目的持续关注，善于把握政策与项目中隐含的学校发展机遇，并结合学校的办学方向与发展规划做出详细的行动方案。上述这两个基础可以为乡村学校与政府部门的沟通奠定对话的可能性，让动员对象看到学校利用政府资源做出成效的远大理想与现实可能性。乡村学校在获得政府支持后，一定要尽力尽快做出具有区域影响力的教育教学品牌，并在过程中与政府部门进行有效的沟通，善于向社会各界宣传介绍学校的办学成果来提高学校的社会声誉，让政府部门看到学校的努力与成果，保持政府部门对学校支持的信心，为学校获得长期支持或后续其他项目的支持提供长效机制。总而言之，乡村学校在与政府对话时，要做好前期功课，将学校发展规划与政府相关政策、项目进行充分的对接，制定出兼具前瞻性与可行性的行动方案，并在后续活动中保持持续对话的常态机制。

案例5-6

武龙中学实施“互联网＋教育”精准扶贫①

武龙中学是一所吉林省偏远乡村的薄弱学校，基础设施薄弱，教师年龄大、学历低，教学质量低下，面临着“关门”的生存危机。在吉林省教育厅的大力支持下，武龙中学充分依托东北师范大学的专家与技术团队，通过校企合作构建了“互联网＋教育”平台。通过“互联网＋教育”平台，及时寻求专家与教研员的精准指导，打通学校教师与区域名师之间的沟通渠道，获得了城市教师优秀的教学案例以及电教专业力量的实时支持。通过不懈的努力，武龙中学的整体办学水平已经优于部分城区学校，得到家长与社会的普遍认可。以武龙学校“互联网＋教

① 刘忠民，王喆.“互联网＋教育”精准扶贫 助推城乡教育均衡发展——以吉林省武龙中学为例[J].中国电化教育，2016(8)：98—101.

育"为典型经验，吉林省教育厅发起了"吉林省乡村学校教育信息化支持行动"，形成了"政府组织引领、高校教研指导、企业支持服务"的立体化协同运作模式。

评析 武龙学校在面临困境时对自身的境况与问题有着清晰的认识，并且知道了学校未来的发展方向——"互联网＋教育"。在此基础上，学校积极争取吉林省教育厅与东北师范大学的支持，打造了"互联网＋教育"平台，并借助平台积极寻求专家、教研员等的支持，形成了具有区域乃至全国影响力的教育品牌，为后续获取政府的持续支持提供了可能性。

（二）家校合作激活家庭资源

家庭是与乡村学校联系最为紧密的合作伙伴，但是因为教师与家长不恰当的交流方式以及家长整体教育意识、素养不高等方面的原因，导致乡村学校中的家校合作面临诸多困难。乡村学校动员家庭资源时，往往乡村学校占据主导型的地位，故家庭资源动员的关键在于学校是否能与家长建立常态化的联系、是否能让家长参与学校教育教学以及管理工作。因此，动员家庭资源的核心策略是以学校为主导，构建家校合作的长效机制，激活处于休眠状态的家庭教育资源与家长支持力量。

具体到操作层面，乡村学校深化家校合作通常采用的系列策略如下：① 选举产生班级、学校家委会，共同制定家委会规章制度，依照规章制度尊重家委会的知情权、发言权、决定权并授权家委会参与监督学生、监督学校的管理权，形成具有自治属性的家委会管理机制。② 充分了解家长的兴趣与特长，依托家长资源，构建"家长教育资源库"，邀请具有一技之长的家长为学生开设微课，邀请具有不同工作经历的家长成为学生生涯教育的启蒙者，邀请富有爱心的家长成为学生综合实践活动的参与者、指导者、评价者等。③ 充分吸纳有空闲、有余力的学生父母或者爷爷奶奶，组建学校的志愿者队伍，参与帮助教师进行课外活动监督、留宿学生监护、学生放学路途护卫等辅助性工作。另外，为了保证家校合作的深度和效果，乡村学校还要做好两个方面的培训工作：一是将家校合作纳入学校教师尤其是班主任培训的内容体系，提高学校教师的家校合作能力；二是充分利用学校教师资源、家长资源，整合社区资源、社会资源，对学生的父母或者肩负养育职责的爷爷奶奶进行必要的家长培训，提升家长的教育素养，激活家庭生活中的教育资源，形成家校共同合作育人的新机制。

案例5-7

以活动为契机促进家校深度合作①

广东省阳江市阳东区那龙镇那龙学校的林冬梅老师，以假期学生活动为契机，促进家校走向深度合作：① 从学生的现实困境与成长需求出发设计活动。为消除乡村学生的假期孤独感，让学生有“事”可做，告别枯燥孤独的固定假期生活模式，同时让家长安心放心做自己的工作，尝试挖掘乡村学生、家长资源，创建“健康安全假期‘你我他’活动”，让学生体验父母的关爱，理解父母的辛劳，同时让他们学会做自己的“主人”，健康安全地度过珍贵的假期时光。② 从家长的实际能力出发落实活动。通过访谈，知晓学生已具备一定的独立生活能力与劳动技能，依据学生的兴趣爱好，结合家长的能力和实际情况，共同创生“种菜”主题的系列假期活动，假期里家长们纷纷在微信群上展示亲子作业。③ 注重活动过程的互动性和成果的展示分享。借助班会引导学生们分享自己的劳动成果，在家长微信群里激发家长教育孩子学会分享的意识。经过学生们的分组讨论，在与父母交流之后，决定由班上两位全职妈妈指导孩子炒菜，并轮流带来学校，在早餐时间提供给学生们一起品尝，让学生们体会分享的快乐。④ 及时进行活动反馈与评价。以“假期课外作业记录本”、微信群、QQ群等为载体，让学生写下感恩父母的方式和心灵体验，让家长写下对孩子活动的评价，班主任通过主题班会等方式对学生们的假期表现进行评价、总结和颁奖。

评析 家校合作不是教师单方面要求家长做什么，而是让家长以合适的方式加入家校合作的活动，在活动中寻求家长的支持以及让家长体会到家校合作的价值所在，寻求家庭长期支持的可能性。林冬梅老师以假期学生活动为契机，基于学生与家长的现实境况与实际能力，系统设计家校合作活动，并注重活动中家长的参与性，不断引导家长在支持活动的同时体验活动的价值与意义，在尊重家长的基础上充分激活了家庭的教育资源。

① 林冬梅. 寻找农村学校家校合作的突破口[J]. 新课程评论，2017(8)：30—36.

（三）校社互动寻求社区资源

乡村学校与社区之间存在着天然的联系，在时空共享、服务人群、资源分享等诸多方面具有合作的基础与可能。随着乡村社区对乡村学校资助义务以及管理权的上交，乡村学校与乡村社区之间更多是平等的动员关系，因此乡村学校动员社区资源的关键在于自身的资源转化能力、学校资源的开放程度以及与村组织的沟通、协调情况。乡村学校需要放下姿态，以平等的身份与村组织、村民进行平等互惠的互动交流，最大程度的寻求社区资源的支持，优化学校办学的外部环境。

具体到操作层面，乡村学校构建互惠共生的学校—社区关系需要重点做好以下三个方面的工作：① 保持学校办学的开放性，学校的图书馆、操场、体育馆等设施在不影响学校教育教学的情况下适当向社区开放，利用周末、节假日等时间为社区居民提供文化科技等教育服务，让村民感受到学校在乡村社会建设中的独特价值。② 学校要积极与村委组织进行常态化的沟通，邀请村委组织进入学校的重大事务管理体系，成为学校办学事务的参与者、协助者与监督者，让村委组织了解学校办学的成绩、问题与方向，及时提供相应的事务帮助以及组织动员工作。③ 学校领导与教师要改变观念，看到和重视社区空间、历史、民俗、生产、文化活动等社区资源的教育价值，提高自身将这些资源课程化的能力，为学生全面发展提供易感受、易参与的社区教育教学资源。作为乡村学校的“掌门人”，乡村学校校长需要通过“培养积极的社区情感”“不断提高社区理解能力”“建立常规性沟通机制”“树立乡村教育管理思维”等方式[①]，不断提升自身的社区领导力，为动员社区资源奠定必要的能力基础。

案例5-8

金近小学全力推进学校文化与社区文化共融共生[②]

金近小学是浙江省绍兴市的一所乡村学校，拥有80多年的办学历史，2000年将办学目标定位为：乡村儿童幸福生活、健康成长的童话公园；乡村百姓感

① 姜超，邬志辉．乡村校长社区领导力的现实价值与提升策略［J］．基础教育，2020(2)：41—46．
② 邵瑞．文化共生：学校文化与社区文化的有机融合——以浙江省绍兴市金近小学乡村学校文化创建为例［J］．中小学德育，2015(2)：30—32．

受教育、享受文化的精神家园。学校多年来坚持开放办学，同该学区内的9个村庄开展常态化、多元化的校村共建实践，推进学校文化与社区文化的共融共生。

(1) 营建乡村校园，助推美好乡风。学校开设“家事讲坛”，让学生介绍村庄里最美的人、最美的事、最美的景、最美的路；开辟“家乡文化墙”，介绍学生村庄的地理位置、经济情况、特色产业和农副产品等；邀请新农村建设的领头人、种田能手、身边优秀共产党员等乡村“名流”，走进学校作为客座老师，讲授“开学第一课”；邀请村民共同评选“最美办公室”“魅力教室”“美德小鲤鱼”“阳光小鲤鱼”，同师生一起学真、懂善、行美。

(2) 丰实教育内容，传承乡村文明。学校发动全校师生、村民搜集民间童谣、民间故事、谚语和笑话等，编辑民间文化读本；引导学生参与庙会、中秋乘凉晚会、清明包艾饺、家乡方言比赛等民俗活动；在语文课堂中开设民间故事教学课，在音乐课堂中带领学生编唱地方童谣，在体育课堂中设计跳房子、跳大绳等民间游戏；每年举办包含24节气农事种植、生长知识、编麦秆扇、搓草绳、包粽子、打年糕等元素的乡村文化节。

(3) 组建村民义工，共筑精神家园。村民根据兴趣特长、工作时间等报名参加义工社，分工组建卫生清洁组、关爱行动组、安全保卫组、快乐社团组等。村民们利用业余时间参与学校服务和安全管理，有的村民一人兼报多个义工组，主动寻求更多的参与机会；有的村民的孩子已毕业，依然坚持参加义工社活动。

(4) 支援社区教育，共创村校美好明天。学生创新实施“春泥计划”，通过“送教进村”“活动下村”“友谊联村”“特色塑村”等活动，精心设计丰富多彩的文体活动。学校则利用自身资源积极参与乡村文化建设，如帮助村提炼村级精神，设计村徽，创作村歌；帮助行政村建设村史陈列室、文化长廊、文化礼堂等。

评析 **金近小学在学校办学中非常重视寻求社区资源的支持，充分利用乡村的文化资源与人力资源营造精品乡村校园，善于将乡村的文化资源、活动资源、游戏资源、风俗资源等转化为学校的教育资源，能够组建村民义工参与学校的管理与服务，同时还能积极参与服务社区的活动，形成了村校共荣共生的文化氛围，既提高了学校教育教学品质，又形成了村校长期有效互动的机制。**

（四）开放共创吸纳社会资源

争取社会支持已是现代化学校发展的重要动力之一。乡村学校社会资源动员的对象主要包括两种类型：一类是通过捐赠给予乡村学生资金支持的企业或者慈善机构，另一类是能为乡村学校提供教育教学资源的青少年宫、科学馆、文化馆、体育馆等文化体育单位。从一定意义上说，社会资源的提供者与乡村学校之间并没有直接的利益关系，虽然有些机构带着提高自身社会声誉的目的，但其行为更多是因为服务社会、关怀弱者的社会责任感，故社会支持的提供者更加看重乡村学校的社会声誉以及乡村学校利用社会资源达到的教育教学效果。基于这样的因素，乡村学校动员社会资源的关键在于树立积极向上的形象并能够积极主动地同社会组织进行有效的沟通，其核心要旨就是开放共创。

在操作层面，乡村学校针对不同动员对象应该采用不同的动员策略：一是针对企业或者慈善机构，学校要组织盛大的捐赠仪式、义卖晚会等活动，最好能邀请上级相关领导出席，邀请电视台、报纸等媒体跟踪报道，既表达学校对捐赠者的谢意，也帮助企业或慈善机构树立良好的社会形象，还能营造良好的资源动员氛围以形成长期合作共赢的机制。二是针对文化体育单位，学校要事先了解场馆资源的特性，与相关单位进行开诚布公的交流，一起制定相关的资源转化方案，坚持“引进来”与“走出去”相结合的基本策略。其中“引进来”即邀请工作人员参与学校的教育教学活动，也可以将场馆中的一些展品、设施等资源引入校园，还可以为邀请场馆在学校组织系列文化活动，让学生在校园中参观学习；“走出去”即组织学生的校外学习活动，请相关单位做好相应的讲解工作或者活动组织工作，让学生实地考察、参观学习。无论是针对哪类社会支持的提供者，乡村学校都要持续提高自己的社会声誉，努力将所获得的社会资源转化为可见的学校变化与学生成长，并保持资源使用的透明度，让动员对象看到付出的效果，保持长期共创共享的信心，为学校未来获得持续支持创设长效合作机制。

案例5-9

借助社会资源助力学校发展

怀安县长胜小学充分借助社会资源助力学校发展，创新落实素质教育。

① 学校积极与县邮政局沟通，争取到了邮政局的大力支持，帮助学校装修了教室，并提供了邮票展板、邮票纪念册、邮政储蓄单以及一批适合小学生阅读的文学书籍，邀请邮政局的员工讲解收信发信的程序、邮政储蓄的注意事项、集邮的小知识等课程，最终经过邮政局的授权成立了“红领巾邮局”，实现了小小少年办邮局的梦想。② 积极接洽，争取到上海真爱梦想公益基金会的捐赠，2012 年“梦想中心”揭牌，3 000 册图书、9 张彩色可移动课桌、8 台电脑、1 套多媒体设备悉数到位，为学生打造了具有现代感和未来感的学习空间。③ 定期组织不同形式的社会实践活动，到地方法院旁听审判过程，到气象局参观学习气象知识，到铁路派出所听工作人员讲解爱路护路知识等，充分借助社会力量为学生创造体验学习的机会。校长宋玉梅对此评价说：“越借力，越给力。”[①]

评析 案例中的长胜小学主要吸纳了三类社会资源：一是由县邮局通过业务指导、营业授权以及派遣员工培训等方式，帮助学校建立了“红领巾邮局”，将邮局蕴含的教育资源引进学校，方便学生体验学习；二是积极争取上海真爱梦想公益基金会的捐赠，成立了具有现代感和未来感的“梦想中心”，为学生争取到了丰富的图书、设施等学习资源；三是采用走出去的战略，充分利用学校附近的单位，为学生创造体验学习的机会。长胜小学寻求社会支持的例子说明，乡村学校在寻求校外支持时要保持主动性与主导性。

在学校校外支持动员工作中，乡村学校借用外部支持并不是分门别类或者单一的，而是每项工作都要充分动员政府、家庭、社区、社会中尽可能多的外部支持，并将这些外部支持与学校内部力量进行有效整合，将其作为支持性因素融入学校的日常工作中提升学校的公平。为此，学校需要有明确的顶层设计，明晰不同类型外部支持的提供者在其中扮演的角色，借助科学设计说服外部支持的提供者，使其愿意参与学校的工作计划，并在实际工作中让外部支持的提供者参与并体会到自身工作的价值所在，从而形成一个可持续且有效的吸纳与支持机制。

---

① 左秀芳．越借力 越给力——怀安县长胜小学借助社会资源助力学校发展[J]．河北教育(德育版)，2016(2)：15.

案例5-10

山东滕州农村学校精准帮扶留守女孩[①]

2013年8月，山东省滕州市鲍沟中学团委在进行青少年青春期教育辅导时，发现处于青春期的留守女孩存在着严重的问题，进一步发现：在1031名在校学生中留守儿童约有340人，其中留守女孩比较多；留守女孩普遍存在着家庭条件较差、家庭教育缺失、理想和目标模糊、生活和学习习惯不良、学习动力不足、学习成绩较差等问题。2013年10月，鲍沟中学以团委为组织核心，启动“美丽女孩”行动，主要针对农村学校留守女孩和无依女孩，利用课内外时间进行有针对性的资助、帮扶和教育。行动志愿者服务团队由学校专职教师、兼职礼仪教师、心理健康教师、社会义工和爱心人士组成，研发实施“美丽女孩”行动课程，组织社会实践活动，开展生理卫生指导和心理疏导等多项工作。行动内容包括女德教育、青春期教育、感恩教育、励志教育等构成的“美丽女孩”课堂，社会实践活动与感恩奉献活动组成的“美丽女孩”课外体验活动。经过不断的实践探索，“美丽女孩”行动团队逐步构建了学校主导、家庭配合、政府支持、社会参与的“四位一体”长效关爱服务体系，实现了从经济、情感、学习和特长发展四个维度进行全方位精准帮扶，帮助留守女孩成为身心健康、基础扎实、特长明显、全面发展的时代青年。2017年，在相关政府部门的支持下，滕州全市全面推行“四维精准帮扶行动”，“美丽女孩”成果在全市得以普及。

评析 鲍沟中学团委组织的留守女孩帮扶行动，本质上是以关注与帮助弱势学生来促进学校公平的正义之举。在这项行动中，学校充分调动内部力量的同时，还充分调动家庭、政府、社会等外部支持力量，形成了学校主导、家庭配合、政府支持、社会参与的长效关爱服务体系。这说明在引入、转化外部力量时，乡村学校需要充分发挥主导作用，对外部支持的引入使用具有明确的目标、科学的方式方法，由此才能使外部支持力量之间以及外部支持力量与内部力量之间形成合力，进而转化为融入学校教育的持续支持与有效支持。

① 王立亭，张敬文，刘斌，张全才．“美丽女孩”在行动——山东滕州农村学校留守女孩精准帮扶案例研究[J]. 中国教育发展与减贫研究，2018(1)：152—171.

总之，作为“孤岛”的乡村学校无法为学生提供公平的学习机会与学习资源，乡村学校公平的提升需要充分的外部支持。尽管获得外部支持并不容易，但是乡村学校依旧有很多可用的政府资源、家庭资源、社区资源。乡村学校的校长和教师需要改变思想，摆脱消极的工作状态，以教育公平为尺度与理想，主动谋划学校教育教学工作，通过政校对话、家校合作、校社互动、开放共创等方式方法，充分动员与转化一切可用的政府资源、家庭资源、社区资源与社会资源，不断做大、做好、分好这块支持乡村学生身心健康发展的无价“蛋糕”，持续提升乡村学校的公平水平，努力实现为每位乡村学生提供更多、更好、更公平的学习机会与学习资源的教育理想。

拓展阅读

1. 姜超，邬志辉. 乡村校长社区领导力的现实价值与提升策略[J]. 基础教育，2020(1)：41—46.

2. 邵瑞. 文化共生：学校文化与社区文化的有机融合——以浙江省绍兴市金近小学乡村学校文化创建为例[J]. 中小学德育，2015(2)：30—32.

3. 左秀芳. 越借力 越给力——怀安县长胜小学借助社会资源助力学校发展[J]. 河北教育(德育版)，2016(2)：15.

4. 王立亭，张敬文，刘斌，张全才. “美丽女孩”在行动——山东滕州农村学校留守女孩精准帮扶案例研究[J]. 中国教育发展与减贫研究，2018(1)：152—171.

后续活动

“利用外部资源促进学校公平路径”工作坊方案

一、培训目的

(1) 了解和掌握利用外部资源促进学校公平的方法和策略。

(2) 通过培训活动，帮助学员反思既有经验，习得制定改善计划的思维与策略。

二、培训过程

(一) 准备与热身

(1) 要求每个学员提供1—2个学校利用外部资源促进教育公平的案例，最好是自己学校的既有经验，做好资源准备工作。

(2) 简要讲解活动基本流程。

(3) 通过抽签或者自愿的方式，将教师分为一组5—6人的不同小组。

（二）实施与探究

（1）各个小组内部分享案例，相互进行评价、给出建议。

（2）引导小组从已有案例中选出1个典型案例，并陈述案例的优点与问题，提出改进方案并讨论其可行性。

（三）归纳与提炼

（1）以小组为单位，在班级层面展示选出的典型案例及其改善方案。

（2）每个小组陈述结束，其他小组可以进行质疑、提出建议，进行班级层面的交流。

（四）反思与拓展

（1）教师引导教师一起思考典型案例的特点，总结利用外部资源来促进学校公平的路径与实施注意事项。

（2）基于已有案例，对教材的相关内容进行反思与批判。

三、培训反馈

教师给予学员适当反馈，引导学员将小组选出的典型案例写成具有反思性与重构性的案例研究论文。

附　录

学校内部公平指数研究报告[①]

① 本报告由《学校内部公平指数研究》课题组　华东师范大学基础教育改革与发展研究所杨小微、李学良等执笔。

一、问题提出

改革开放以来，我国基础教育改革的战略，已经从“效率优先的重点发展”转向了“公平导向的均衡发展”；而在教育公平方面，在以资源配置为标志的“起点公平”基本实现之后，以同等对待为特征的“过程公平”便成为推进教育公平的重点。受华东师范大学教育学部委托，近年来我们进行了“学校内部公平指数”的研究与开发，力图从学校内部公平问题切入，以指数的方式探究学校内部的公平状况。

在学术研究领域中，有关学校内部公平无论是在国际社会还是在国内都相对缺少成熟的研究。国外的研究，比较看重环境，强调财富、性别、种族、地区等对教育机会的重要影响；国内的相关研究也主要聚焦在教育投入、教育机会获得、平均受教育年限等反映总体公平和起点公平的指标或指数上，还特别关注农村教育大变局下（比如农龄人口大部分减少、大规模的人口流动、大规模的撤点并校）的教育不公平现象以及人口流动带来新的教育边缘化群体（具体为流动儿童与留守儿童）的受教育机会问题。课题组成员孙阳、杨小微等人在分析了10个国内比较有代表性的教育公平评价指标体系后，认为当前国内的教育公平研究缺少“社会经济意义上的阶层维度”与“教育过程和教育产出领域”的指标；通过频数分析，发现在教育公平评价领域，“局域和城乡是被最广泛提及的两个类别；性别和校际差异，分别在4个指标体系中涉及；阶层、群体、经济收入等类别具有同义性，也在约半数指标体系中涉及。”[①] 当然，一些相关的教育评价领域，会有一些指标涉及教育公平，对我们的研究具有一定的借鉴意义。

（一）国外可供借鉴的研究

比较权威也比较容易获得的国际研究资源主要有国际经合组织（OECD）、联合国教科文组织和世界银行发布的教育发展报告及其中包含的指标或指数结构。从2003年至今，OECD的教育指标由4个一级指标构成：① 教育机构的产出以及学习的影响。② 教育的财政与人力投入。③ 教育机会、参与和进步。④ 学习环境和学校组织。其中“学习环境和学校组织”与学校内部

① 孙阳．杨小微．徐冬青．中国教育公平指标体系研究之探讨［J］．教育研究．2013（10）：111—120.

公平相关度最高。表1中的D1和D2是与教育过程公平相关的背景指标。我国的学校内部公平指数中如果列入“班额”“生师比”,无疑是很方便与之比较的。

表1 OECD的教育指标中“学习环境与学校组织”部分的具体指标

一级指标	二级指标
D学习环境和学校组织	D1学生日均课堂教学时间
	D2师生比和课堂规模
	D3教师薪资水平
	D4教师工作时间
	D5初中等学校质量监控
	D6教育机会和教育结果之间的差异(学生阅读水平、不良师生关系)

在具体的评价指标中,OECD国家测量学校不公平的维度具体包括结构质量与过程质量。其中,结构质量包括师生比、教师资格证书和经历、班额及其他相似的指标,这类指标往往由法律规定,反映国家政策的指导原则。过程质量则更关注学生在学习中的经历,通常包括师生互动、家庭的参与、残障儿童的融入、教学方法等,通常采用观察的方法进行初步评估。

联合国教科文组织和世界银行在各自的教育指标体系中分别设有“教育内部效率”和“教育效率”作为一级指标,没有教育公平指标。联合国教科文组织的指标体系中,将生师比列入“教育供给(资源)”,世界银行的“教育投入”指标项之下有“小学生与教师比”。鉴于上述两个国际组织主要面对底线之上的质量与公平问题,因而未涉及过程公平也在情理之中。

综上所述,国际组织在教育发展指标方面,对教育过程/学校内部的公平状况尚无定量意义上的成果发布,这一意义上的公平通常以条件、关系、规则或状态的方式呈现,目前也尚无成熟的定量方式可供参考。

(二)国内可以参考的研究

虽然对于学校过程公平的研究尚处于起步阶段,但是在推进教育发展的若干行动举措和相应的评价改革方面,还是有一些可以借鉴的经验。

上海市在取得PISA（国际学生评估项目）考试的重大成功之后，反省了上海教育评价上的问题及其导向下带来的教育问题，出台了绿色指标评价。新的评价方案超越了以往只重视学业成就的偏向，高度关注学生在教育过程中的状态、需求与感受，在十大指数中，设立了“学生学习动力指数”“学生学业负担指数”“师生关系指数”以及这三个指数合起来的“跨年度进步指数”，还有一个“教师教学方式指数”中，包括了学生对教师教学方式的评价。上述指数所需证据的采集方式，是对师生的问卷调查。“学生学习动力指数”中学生对学校的认同度，“师生关系指数”中的教师是否尊重学生、公正对待学生、信任学生，“教师教学方式指数”中学生对教师教学方式的评价等，都直接关涉教育过程中的公平对待问题。

除此之外，我国各省市的教育现代化评价体系中也会比较关注教育公平问题。经了解，在江苏、广东、上海、浙江、北京五省市的教育现代化评价指标中，有部分指标涉及教育公平，经过频数分析，关注度最高的是多样化教育、学生受帮扶比例、教师合理流动机制，其次是班额；教育均衡发展普标性比较高的是学校布局、义务教育城乡均衡，其次是义务教育校际均衡、各类教育协调发展与互通衔接。[①]

从我国关于教育公平的研究趋势看，主要表现为以下两个方面：一是从宏观公平向微观公平的转变，宏观公平主要关注的是政策、权力、群体及机会的公平，集中在资源的分配上，而微观公平主要是在学校内部与课堂教学中，每一个学生受到同等对待等；二是从主要关注资源公平如图书资料、师资配备和分配等，转向对学生尊严和情感的关注和认可，即承认正义。

基础教育发展与改革的新趋势，需要教育公平研究从宏观走向微观，从学校外部走向学校内部，从起点公平走向过程公平，揭开教育过程公平的“黑匣子”，从而为更好地促进教育过程公平，保障每个孩子在学校日常教育中的发展权及发展机会提供理论依据与决策参考。这是本研究的现实意义。鉴于当前学术界对教育内部公平研究的不足，本研究将会在理清教育内部公平的内涵、

---

① 教育现代化体系中教育公平维度的分析，主要参考《上海市2010年教育现代化指标体系及说明》、《浙江省教育现代化县（市、区）评估操作标准》（2012）、《江苏教育现代化指标体系》（2013）、《广东省县域教育现代化指标体系及评估案》（2008）、《北京教育现代化评估指标体系框架》五个文件。

分析框架以及教育公平的现状等问题上有所贡献。

二、研究问题与研究思路

（一）研究问题

鉴于缺少可供参考的分析框架与资料搜集工具，本研究的问题主要为：学校内部公平的内涵是什么？用什么样的分析框架比较合适？学校内部公平处于什么样的状态，存在哪些问题？导致这些问题的原始是什么？结合这些问题，本研究的任务有以下几项：

（1）采用德尔菲问卷和专家工作坊的方式，集聚学术智慧和实践经验，争取有学理上的创新和技术上的突破。

（2）开发采集数据与事实所需的各种工具，并通过试调研多次修订工具。考虑到公平指标多以柔性为主，同时辅之以现场观察、作品分析和轶事记录等手段。

（3）选择少量样本学校和区域进行首次正式数据采集，验证与分析框架。

（4）总结经验，扩大样本学校和区域，搜集与分析数据。

（二）研究思路

本研究采用指数研究的方式，力求通过构建统一的分析框架、寻求敏感数据的方式简化数据，找到可靠的研究路径，从而为日后的大范围数据搜集以及不同区域之间的数据比较奠定方法论基础。课题组采用定性研究与定量研究相结合的混合研究思路，先通过已有研究成果的分析，构建分析框架，然后根据分析框架制定问卷与访谈提纲，搜集量化的和质性的数据，最后通过整理和分析数据而形成“学校内部公平指数”。

简要地说，学校内部公平指数的研究坚持“可说明”“可获得”“可比较”这三个基本原则。“可说明”是指搜集的所有证据，都能用于显示发展状态、揭示公平程度，都能直接或间接地证明学校内部教育过程的公平状况。“可获得”是指数据获得便易程度比较高，比如尽可能采用公开数据或者便于搜集的数据。“可比较”是相应地所得出的指数数值是可以在国际、区域间、城乡间和校际进行比较分析的。基于这样的考虑，学校内部公平指数的评定与使用，应坚持以下三个方面的策略：

1. 以问卷调查为主，辅之以学校调研访谈方法，搜集学校内部公平数据

目前完成的问卷有学生问卷、教师问卷、家长问卷。在全国进行区域抽样，从东、中、西三个区域分别抽取若干省或者直辖市；在区域内，依照农村、城市分层随机抽取若干学校；在学校内，按照不同年级分层抽取若干班级。抽样完成之后，以学校为单位填写“学校基本情况表”，发放教师问卷，以班级为单位发放学生问卷与家长问卷。在问卷发放形式上，主要采用网络问卷的方式，必要时还可以开发为APP软件，以方便在移动终端上使用。另外，参照问卷数据分析的结果，课题组还会对个别学校进行调研，观察课堂互动，感受学校氛围，访谈校长、教师、学生与家长，搜集质性数据。

2. 量化数据分析与质性数据分析相结合，形成学校内部公平指数

与问卷配套的还有“学校基本情况表”，包括学校背景情况（比如地理位置、学校办学体制）、学校工作情况（比如学校召开家长会议情况、校本课程开发情况）、教师情况（比如教师年龄结构、教师流动情况）、学生情况（比如性别比例、学生流动情况）、办学条件（比如图书馆的图书情况、专用教室情况）五个方面。学校基本情况表与上述三份问卷的数据结合起来分析，可以看到学校基本情况与教育过程公平之间的关联性，为设定硬性指数提供依据。在具体的数据分析上，将问卷调研搜集到的量化数据与学校调研访谈搜集到的质性数据相结合，构成软硬兼顾的指数，进行不同层级的解释。

3. 突出指数数据使用的建设性，实现“以评促建”的效应

当前提倡的第四代评价，在评价结果与建设行为之间建立起双向的联系，评价结果既是对前期建设行为的评定，又是后期建设行为的起点，起到总结经验教训、指出问题与方向的作用。因此，指数数据也不是终结性评价，而是具有促进建设作用的形成性评价。课题组力求在指标数据的解释和使用上，实行平等、民主的协商方式，促进学校内部公平情况的改变，实现“以评促建”的目标。比如，在与教师讨论“课堂提问”与“学校内部公平指数”关系时，就会让教师意识到，要给每个学生发言的机会，要根据不同的学生提出不同的问题等，从而提高课堂提问的公平度。另外，在制定指数时，力求将刚性的量化指数与柔性的质性指数相结合，其目的也在于此。

三、理论框架

（一）学校教育公平的内涵界定

公平问题是政治哲学、社会学、伦理学等学科一直研究的重要问题。对当前政治经济制度与人们公平观念影响最深远的理论无疑是罗尔斯的正义观，他的理论主要呈现在《正义论》一书中。罗尔斯将正义在制度的框架之下，经过严密的论证与丰富，最终他将主要观点总结为一句话，即“所有的社会基本善——自由和机会、收入和财富及自尊的基础——都应被平等地分配，除非对一些或者所有社会基本善的一种不平等分配有利于最不利者。”[①]罗尔斯将“基本善”具体化为“自由和机会”“收入和财富”“自尊的基础”，并且具有偏爱“最不利”者的逻辑倾向。在此一般概念的基础上，罗尔斯关于“社会基本善”的分配具体表现为两个原则，即第一个原则——“每个人对与所有人所拥有的最广泛平等的基本自由体系相容的类似自由体系都应有一种平等的权利”；第二个原则——“社会与经济的不平等应这样安排，使它们：① 在与正义的储存原则一致的情况下，适合于最少受惠者的最大利益；并且，② 依系于在机会公平平等的条件下职务和地位向所有人开放。”[②]以上两个原则依照“词典式序列”（lexical order）设定优先性，即两个优先原则——自由的优先原则；正义对效率和福利的优先。后人将罗尔斯的正义原则概括为“平等原则”“差别原则”“补偿原则”，其中包含了相应的三个成系列的公平理念：即所有人在权力与尊严上一律平等；不同的人进行有差别的对待；处于不利地位的人应该得到补偿。

罗尔斯的正义理论，主要的着眼点是社会政治经济制度，其影响最为广泛的领域是经济分配制度。他的正义观与作为社会公共事业的教育领域的公平具有一定的差距，比如教育并不涉及收入与财富分配的问题，但是他的基本理念却在一定程度上符合教育公平的需求。在学校内部公平领域，罗尔斯对社会基本善含义中的“自由与机会”“自尊”界定，以及基本善分配涉及到的权力平等、职务与机会开放、差别对待、对最不利者的特殊照顾等原则，都在一定程度上为学校内部公平涵义与分析框架的理清提供了理论

① 约翰·罗尔斯．正义论[M]．何怀宏，等，译．北京：中国社会科学出版社.1988：303.
② 约翰·罗尔斯．正义论[M]．何怀宏，等，译．北京：中国社会科学出版社.1988：302.

基础。

罗尔斯的正义理论通常被人称为“分配正义”,诺齐克之后提出了“持有正义”,强调人的主体性与自主性,反对罗尔斯的分配正义对个人的压制,他认为“个人是目的,而不仅仅是手段,没有他们的同意,他们不能被牺牲或被用来达到其他的目的。个人是神圣不可侵犯的”。[①]后来法兰克福学派第三代领军人霍耐特、弗雷泽以及加拿大政治哲学家查尔斯·泰勒提出了“承认正义”,更多强调对人尊严和情感的关注和认可,例如霍耐特认为社会正义工作的目的“不是消除不平等,而是避免羞辱或蔑视代表着的规范目标;不是分配平等或物品平等,而是由尊严或尊敬构成了核心范畴。”[②]承认正义是教育公平必须关注的内容,冯建军就认为在“后均衡化时代”,教育正义需要从分配正义转向承认正义,教育承认正义的追求是“通过对羞辱和蔑视的消除和解构,通过爱的关怀平等尊重和成就赞许三种承认正义形式,体现需要原则、平等原则和成就原则,建构一种有尊严的教育生活。”[③]

“分配正义”“持有正义”“承认正义”从不同维度区分了社会正义的类型。教育是一个复杂的社会活动,其实践层面包含了这三种正义类型,我们需要做的是吸取不同理论类型的特点,将其整合到我们的研究之中,以便更全面、更深刻地反映学校内部教育公平问题。具体而言,“分配正义”与“持有正义”在确定教育资源与教育机会的分配原则中具有指导作用,“承认正义”在分析师生关系与生生关系时具有重要的意义。具体到教育场域中,杨东平、周金燕的研究值得一提,他们将教育公平界定为“教育权利平等”与“教育机会均等”两个方面,其中教育机会均等包含了三个方面的意思:“保证所有儿童接受最低年限的教育,强调起点的公平”“人们进入不同教育渠道的机会均等,即在教育过程中受到公平的对待”“教育制度应能满足个性的充分发展,使每个人能够接受他所希望的教育。”[④]这一教育公平观,既强调宏观意义上的公平(即受教育权与教育机会),也强调微观意义上的“同等对待”与“个性包容”,还涉及教育过程公平

① 罗伯特·诺奇克.无政府、国家和乌托邦[M].姚大志,译.北京:中国社会科学出版社,2008:37.

② 阿克塞尔·霍耐特.承认与正义———多元正义理论纲要[J].学海,2009(3):79—87.

③ 冯建军.后均衡化时代的教育正义:从关注“分配”到关注“承认”[J].教育研究.2016(4):41—47.

④ 杨东平.周金燕.我国教育公平评价指标初探[J].教育研究.2003(11):30—33.

的内容。

结合上述实践与理论的考察，在采用德尔菲法征求专业意见的基础上，本研究认为：所谓学校内部公平，前提是对学生基本受教育权利的尊重，实质是教育资源和学习机会的平等享有。探讨教育过程公平问题所关注的焦点，是学生在学校生活中是否受到公正的对待。具体而言，一是学生所应享有的生存权、发展权、社会参与权和受保护权等，是否得到切实的保障？二是在学校的学习生活中，学生是否得到了平等的尊重，能否公平地享受学习和发展的机会？三是学生在学校是否获得了学习和发展所必需的资源？这三个问题分别落在教育公平的不同侧面，即权利保障、机会获得、需求满足。具体可以概括为以下三句话：

一是对所有的儿童同等对待。即在教育过程中，无论家庭贫富、容貌美丑、成绩好坏、听话与否，儿童都应该平等地享受获得发展资源与机会的权利，其对应传统教育理念中的"有教无类"。

二是对不同的儿童差别对待。即在教育的过程中，应根据儿童的兴趣、能力的不同，为儿童提供不同数量、不同层次、不同方面的资源与机会，适应儿童发展的差异性需求，其对应传统教育理念中的"因材施教"。

三是对有特殊需求的儿童特别对待。即在教育过程中，对于具有特殊需求的儿童提供特殊对待，其对应传统教育理念中"各得其所"。这里具有"特殊需求的儿童"是指在某一方面低于或者高于平均水平的儿童，比如智力上的"低常儿童"与"超长儿童"。

借鉴罗尔斯对于分配原则的优先性设定，本研究认为：在教育过程公平中，同等对待优先于差别对待，差别对待优先于特别对待。换而言之，只有在保障同等对待的基础上，才能考虑差别对待；如果差别对待会对同等对待造成伤害，就不能施行这样的差别对待；同样，特别对待不能跨越同等对待、差别对待，必须在不伤害前两者的基础上才能施行。

（二）学校内部公平的分析框架

关于教育内部公平内涵的界定，提出了一个理论的框架，它将是我们进行研究的指引与核心理念。但是要形成分析框架，就必须考虑实际情况。在相关调研中，我们发现，纵向维度上的"特别对待"即使是在东部发达地区都显得非常“奢侈”，这不符合当前国内教育公平发展的现状，故将其“隐藏”，并入“差别对待”。我们考虑公平除了事实之外，还包含个人的主观体验，比如“尊重”就更多的是个人的主观感受，因此分析框架又增加了公平体验的维度，以便于搜集学生关于公平对待体验的主观数据，反映学生感受到的公平状况。

图1　学校内部公平分析结构图

如1图所示，学校内部公平分析结构包含3个一级指标与9个二级指标，其中一级指标同等对待包含权利尊重、机会获得、资源享有3个二级指标；差别对待包含兴趣适应、能力适应、个性包容3个二级指标；公平体验包含公平感、信任感、满意度3个二级指标。

在确定了分析维度之后，我们还需要将评定学校内部公平指数的对象或者载体具体化到学校的日常工作中。通过对杭州、合肥、太仓几个学校的调研与分析，我们将学校内部公平指数的载体界定为：学校领导与管理、课程和教学、班级与活动。这样，在学校内部公平指数分析框架的构建上，理论维度构成了纵向维度，学校工作中的主要内容构成了横向维度，于是形成了一个二维的分析框架。如表2所示，横轴与纵轴交叉，形成三级指数。三级指数旨在关注反映相关维度的敏感指标，主要表现为数据搜集点的形式。在具体设定三级指数时，既要考虑显性的因素，又要考虑隐性的因素。邓银城从载体的角度将学校内部教育资源分为有形教育资源和无形教育资源，前者主要包括教育设施、教学仪器、图书资料、师资队伍、教室中的座位安排、作业的批改等,后者主要包括教师的关注、教师的评价、当选学生干部的机会、课堂师生互动的机会、教师传授的知识等因素。[①]樊晓敏将校内教育公平分为四种类型,即校内教育资源配置的公平,包括硬件资源、课程资源与教师资源配置;师生互动和教学过程的公平,包括教学模式、教师课堂内外对学生的行为与态度、教师与学生互动的质量和程度;教育结果评价的公平,主要指差异化评价;教育结果公平,主要指学校毕业指导要促进毕业生的发展机会。[②]我们结合研究成果与实际调研,构建了学校内部公平的分析框架(详见表2)。

表2　学校内部公平分析框架

<table>
<tr><th rowspan="2">一级指标</th><th rowspan="2">二级指标</th><th colspan="3">三　级　指　标</th></tr>
<tr><th>管理与领导(G)</th><th>课程与教学(K)</th><th>班级与活动(H)</th></tr>
<tr><td rowspan="3">A.同等对待</td><td>A1权利尊重</td><td>学校事务知情权
学校决策参与权
学生干部的推选权</td><td>平等的学习权
得到教师尊重的权利</td><td>参与活动的权利</td></tr>
<tr><td>A2机会获得</td><td>担任岗位/干部的机会</td><td>发言机会
参与讨论的机会
作业的机会</td><td>参加活动的机会
得到教师帮助的机会</td></tr>
<tr><td>A3资源享有</td><td>教师资源
座位</td><td>课程资源
教学资源</td><td>活动资源的满足度
活动资料的可选择性</td></tr>
<tr><td rowspan="3">B.差别对待</td><td>B1兴趣适应</td><td>符合不同兴趣的学生岗位设置情况</td><td>满足学生兴趣、爱好和特长选修课程的设置情况</td><td>课外活动的兴趣适应度
不同活动或任务的选择权</td></tr>
<tr><td>B2能力适应</td><td>合理分层,适量走班
给弱者优先锻炼机会</td><td>分层作业
弹性评价
弹性课程</td><td>照顾困难学生
考虑低常和超常学生提供合适的课外活动</td></tr>
<tr><td>B3个性包容</td><td>教师容许学有余力的学生自主安排学习</td><td>教师对学生个性化表达或发表不同见解的包容</td><td>拒绝活动参与的权利</td></tr>
</table>

① 邓银城.论学校内部教育资源合理配置与教育公平[J].教育研究与实验.2010(6):56—59.
② 樊晓敏.初中阶段校内教育公平问题研究——以海口市为例[D].海口:海南师范大学,2014:5.

（续表）

一级指标	二级指标	三级指标		
		管理与领导(G)	课程与教学(K)	班级与活动(H)
C.公平体验	C1 公平感	公正对待 教师和同学的尊重	合适的课程资源和学习机会	活动中班主任的同等对待
	C2 信任感	信任校长 信任教师 信任班干部	愿意接受帮助 愿意提供帮助 信任教师的教学能力	信任班主任 活动中感觉自己被信任
	C3 满意度	对学校规章制度的满意度 对学校管理者的行为和态度的满意度	对课程的满意度 对教师的教学行为和态度的满意度 对自己学习效果的满意度	对班主任的工作方式和态度的满意度 对自己在活动中表现的满意度

三级指数旨在关注反映相关维度的敏感指标，主要表现为数据搜集点的形式，比如：机会获得（A2）与课程与教学（K）交叉形成的三级指数是“每个学生都有发言、讨论和展示作业的机会”，将其聚焦于学生课堂发言、参与讨论与作业展示的机会。

班级授课制是当前基础教育阶段学校组织教学基本形式，在学校日常教育过程中，班级往往作为一个整体对学生管理，组织教学与活动。在这样的背景下，学校内部机会与资源的分配往往是以班级为单位，比如教师课堂发言机会的分配、活动中的任务与岗位的分配等。因此，学校内部公平的分析应该是以班级为单位。当然，学校内部公平还涉及学校层面从资源分配，比如教师资源、图书资源等，因此我们也会将学校层面的数据纳入分析范畴。

四、数据研究方法

（一）问卷设计

本研究面临的难题是：学校内部公平问题涉及学校生活的微观层面，难以从现有数据库中找到相关数据；当事人对何谓公平的理解和感受各异，难以形成逻辑清晰的循证研究；研究所能获得的数据量往往比较小，相互之间难以进行充分地比较，难以得出令人信服的判断和结论。基于这些原因，本研究采用指数研究的方式，力求通过构建统一的分析框架、寻求敏感数据的方式简化数据为日后的大范围数据搜集以及不同区域之间的数据比较奠定方法论基础。本研究采用自编问卷的方法搜集所需的学校内部公平数据。

具体的问卷编写，我们以表2显示的分析框架为依据，将二维表中的相应主题转化为与学校日常实际工作结合的问题，并依照学生、教师、家长的不同维度，编写相应的题目。问卷主要以等级量表题目为主，题目陈述一个事实，选项包括“1，2……6”六个程度等级，“1”表示“完全不符合”，“6”表示“完全符合”，以此类推。

为了确保问卷的信度与效度，问卷编写分为五个步骤：① 邀请对学校日常生活比较了解的3名博士研究生与3名专家，采用头脑风暴的形式，参照理论框架中的主题，将其转化为相对具体的问题；② 由参与第一步讨论的3名博士生，撰写三类主体的具体题目，编制结构完整的学生、家长、教师初步问卷；③ 每份问卷的题目，再请3名硕士研究生进行语义与表述上的修订；④ 通过工作坊的方式，邀请5名专家对问卷进行审核与修订，对题目进行增加、删除与修订；⑤ 选择上海市初中、小学各一所，进行试测，对部分学生进行个别访谈，对问卷的语义与结构进行微调。

（二）抽样与数据搜集

本研究坚持分层抽样与随机抽样相结合的抽样策略。具体方法为：在全国进行区域抽样，东、中、西三个区域分别抽取若干省或者直辖市；在区域内，区域分布特点分层随机抽取若干学校；在学校内，按照不同年级分层抽取若干班级，要求每个年级随机抽取不少于年级总班级数1/3的班级为样本班。抽样完成之后，以班级为单位发放问卷，要求样本班的授课教师、学生及学生家长填写相应的问卷。问卷发放形式，主要采用网络电子问卷的方式。

本研究共进行两次数据收集，样本学校涵盖8个省市（东部4个，中西部4个），共计18所，其中小学9所、初中9所，具体分布为：上海市小学1所，浙江杭州市中学1所、小学1所，江苏太仓市中学1所，广西桂林市小学2所、中学1所，广东佛山市中学1所，安徽合肥市小学2所、中学2所，湖北宜昌市小学2所、中学2所，重庆市小学1所、中学1所。

（三）数据处理方法

本研究的统计分析均采用软件SPSS 22.0。从网络数据库将原始数据导出，经Excel进行转换后导入SPSS。根据学校内部公平指数问卷，对基本信息和学校内部公平指数量表两个部分进行编码。学校内部公平指数量表采用李克特6点量表的形式进行编码和赋值，正向题的赋值方式为：1赋值为“非常不符合”，2赋值为“比较不符合”，3赋值为“有些不符合”，4赋值为“有些符合”，5赋值为“比较符合”，6赋值为“非常符合”；反向题目则相反。

学生、家长、教师问卷均有三个相互独立的量表组成，分别为同等对待量表、差别对待量表、公平体验量表。同等对待和差别对待量表测量学生在学校学习和生活中受到公平对待的事实。公平体验量表测量的是学生对公正对待的主观体验。

指数的具体计算均采用均值法，例如H班X项指标学生指数，是H班所有学生在X项指标下涉题项得分的均值。内部公平量表的题项均是6分制，为便于比较分析，在具体的分析中还将所有数据转换为百分制。H班级X指标项的百分制标准值的计算公式为：

$$S^{H}x = (Fx \div Mx \div Nx^{2}) \div 6 \times 100$$

其中，$S^{H}x$为H班X维度的百分制指数值，Fx为H班X指标下的学生所有题目实际得分的总和，Mx表示H班X指标下学生问卷的题目数，Nx表示H班X指标下的所有答题学生数。

（四）信效度检验

数据初步处理后，分别对学生、家长、教师的三个量表进行了可靠性分析。如表3所示，学生、家长和教师问卷的alpha系数均超过0.8，说明问卷具有较高的信度。内部公平指数问卷是根据理论上建构的内部公平指数框架转化而来，鉴于各分量表制定理论框架的一致性，决定问卷具有较高的效度。另外，从初论问卷发放答题人的访谈看，问卷能够比较真实地反映相关主题的实际情况与真实感知。总之，三份问卷的信效度均基本符合研究要求。

表3　学校内部公平指数量表alpha系数统计表

	总量表	同等对待指数量表	差别对待指数量表	公平体验量表
学生问卷	.934	.871	.825	.821
教师问卷	.875	.605	.850	.633
家长问卷	.884	.684	.789	.602

（五）样本分布情况

数据初步处理后，为了保证数据的完整性，以“学生、家长、教师三类主体数据齐全”与“学生问卷班级参与填写学生数大于50%”两个标准，对数据进行筛选，最终获得有效样本班131个，其中有效学生样本4427个有效样本，有效家长样本3773个，有效教师样本306个。样本的具体分布情况，如表4所示。

表4　样本分布情况

类　别		班　级		学　生		家　长		教　师	
		样本数	比例	样本数	比例	样本数	比例	样本数	比例
年级	一年级	9	6.87%	338	7.63%	329	8.72%	21	6.86%
	二年级	9	6.87%	310	7.00%	302	8.00%	22	7.19%
	三年级	18	13.74%	584	13.19%	535	14.18%	44	14.38%
	四年级	16	12.21%	542	12.24%	460	12.19%	43	14.05%
	五年级	16	12.21%	538	12.15%	389	10.31%	28	9.15%
	六年级	14	10.69%	446	10.07%	363	9.62%	30	9.80%
	七年级	20	15.27%	697	15.74%	626	16.59%	48	15.69%
	八年级	16	12.21%	544	12.29%	418	11.08%	33	10.78%
	九年级	13	9.92%	428	9.67%	351	9.30%	37	12.09%
地区	东部	47	35.88%	1586	35.83%	1318	34.93%	104	33.99%
	中、西部	84	64.12%	2841	64.17%	2455	65.07%	202	66.01%

五、研究数据分析

（一）学校内部公平总体情况

通过对学生、家长、教师问卷数据的分析，获得131个班级教育公平的3个一级指标、9个二级指标的描述数据（表5所示）。

表5　学生内部公平班级指数的描述统计

	学　生		家　长		教　师	
	均　值	标准差	均　值	标准差	均　值	标准差
A同等对待	**74.26**	**7.95**	**56.70**	**3.52**	**61.98**	**6.50**
A1权利尊重	76.26	8.36	47.16	4.80	61.78	8.36
A2机会获得	72.64	9.05	70.01	7.72	64.28	10.12
A3资源享有	71.48	8.87	53.26	4.20	60.65	9.55
B差别对待	**60.51**	**8.58**	**60.03**	**5.41**	**71.05**	**10.15**
B1兴趣适应	62.91	10.06	66.39	7.95	68.96	12.37
B2能力适应	61.83	8.58	55.74	6.66	70.56	11.06
B3个性包容	66.70	8.18	57.93	5.23	73.84	11.46
C公平体验	**75.81**	**6.75**	**60.52**	**3.39**	**64.36**	**5.58**
C1公平感	80.02	7.79	46.47	10.29	51.24	15.21
C2信任感	81.53	8.16	67.93	4.59	74.19	16.36
C3满意度	66.15	6.69	68.57	10.35	68.11	9.66
N＝131						

参照均值与标准差发现，学生问卷的数据显示，3个一级指标均值由高到低的顺序为公平体验、同等对待、差别对待，标准差由小到大的顺序是公平体验、同等对待、差别对待，可见学生在公平体验上状态最好，且不同班级之间的差异最小；差异对待的情况最差，且不同班级之间的差异最大。家长问卷的数据显示，3个一级指标指数均值由高到低的顺序是公平体验、差别对待、同等对待，标准差由小到大的顺序是公平体验、同等对待、差别对待，可见家长认为学生在公平体验最好，且不同班级之间的差异也最小；差别对待其次，但是不同班级之间的差异最大；同等对待最差，不同班级之间的差异居于中间。教师问卷的数据显示，3个一级指标指数均值由高到低的顺序是差别对待、公平体验、同等对待，标准差由小到大的顺序是公平体验、同等对待、差别对待，可见教师认为学生在差别对待上的情况最好，但是不同班级之间的差异也最大；同等对待

最差，且不同班级之间的差异最小。总之，学生与家长都认为学生在学校内部的状况由好到差的顺序是公平体验、同等对待、差别对待；教师认为差异对待最好，但是学生与家长的认可度不高；学生、家长、教师都认为差别对待不同班级之间的差异度最大。

通过单因素分析，我们进一步发现，学生、家长、教师三类主体对同等对待、差别对待、公平体验3个指标的认知有显著差异（$F_{同等对待}=270.65$，$F_{差别对待}=74.05$，$F_{公平体验}=5.53$，$p<0.01$）。结合比较均值发现，学生（均值=74.26）对同等对待维度的回答要显著高于教师（均值=61.98）与家长（均值=56.70）；教师（均值=71.05）对差别对待维度的回答显著高于学生（均值=60.51）与家长（均值=60.03）；学生（均值=75.81）对公平体验的回答显著高于教师（均值=64.36）与家长（均值=60.52）。

接下来，我们以一级指标为单位分析二级指标的指数分布情况：

1. 同等对待

参照均值与标准差，发现同等对待下的3个二级指标中，从学生问卷的数据看，权利尊重情况最好，且班级之间的差异最小；机会获得情况次之，但班级之间的差异度最大；资源享有最差，班级之间差异居中。从家长问卷的数据看，机会获得情况最好，但是班级之间的差异也最大；资源享有次之，但班级之间的差异最小；权利尊重情况最不好，班级之间的差异次之。从教师问卷的数据显示，机会获得的情况最好，班级之间的差异也最大；权利尊重次之，班级之间的差异最小；机会获得最差，且班级之间差异居中。可见，3个二级指标上，学生、家长、教师判断难以统合，唯一达成共识的是三者都认为在机会获得上班级之间的差异最大。

通过单因素分析发现，学生、家长、教师对权利尊重、机会获得、资源享有3个二级指标的回答有显著差异（$F_{权利尊重}=511.31$，$F_{机会获得}=29.41$，$F_{资源享有}=175.94$，$p<0.01$）。结合均值比较得出，权利尊重指标，学生问卷（均值=76.26）的数据显著高于教师问卷（均值=61.78）与家长问卷（均值=47.16）；机会获得维度，学生问卷（均值=72.64）的数据显著高于家长问卷（均值=70.01）与教师问卷（均值=64.28）；资源享有维度，学生问卷（均值=71.48）的数据显著高于教师问卷（均值=60.65）与家长问卷（均值=53.26）。

2. 差别对待

参照均值与标准差发现，差别对待的3个二级指标中，学生问卷的数据显示，个性包容情况最好，且班级之间的差异也最小；兴趣适应的情况次之，班级之间的差距最大；能力适应的情况最差，班级之间的差距居中。家长问卷的数据显示，兴趣适应的情况最好，但班级之间的差异最大；个性包容的情况次之，班级之间的差异最小；能力适应的情况最差，班级之间的情况适中。教师问卷的数据显示，个性包容做得最好，班级之间的差异适中；能力差异次之，班级之间的差异最小；兴趣适应做得最差，且班级之间的差异最大。可见，学生与教师都认为个性包容做得最好，学生与家长认为能力适应做得最差，三个主体的数据均显示兴趣适应的班级之间的差异最大。

单因素分析发现，学生、家长、教师在兴趣适应、能力适应、个性包容上的指数有显著差别（$F_{兴趣适应} = 11.43$，$F_{能力适应} = 90.78$，$F_{个性包容} = 110.70$，$p < 0.01$）。结合均值比较得出，兴趣适应维度，教师问卷（均值＝68.96）的数据显著高于家长问卷（均值＝66.39）与学生问卷（均值＝66.91）；能力适应维度，教师问卷（均值＝68.96）的数据显著高于学生问卷（均值＝61.83）与家长问卷（均值＝55.74）；个性包容维度，教师问卷（均值＝73.84）的数据显著高于学生问卷（均值＝66.70）与家长问卷（均值＝57.93）。

3. 公平体验

参照均值与标准差发现，公平体验的3个二级指标中，学生问卷的数据显示，信任感的情况最好，班级之间的差异最大；公平感次之；满意度最差，满意度之间的差异最小。家长问卷的数据显示，满意度情况最好；信任感次之，班级之间的差异最小；公平感情况最差，班级之间的差异最大。教师问卷的数据显示，信任感最好，但是班级之间的差异最大；满意度次之，班级之间的差异最小；公平感最小。从学生问卷数据的均值看，学生认为班级学生的公平感与满意度具有较高的水准，但是满意度与这两个的差距比较大。教师问卷的数据显示，信任感与公平感不同班级之间的差距比较大。

通过单因素分析发现，学生、家长、教师对公平感、信任感、满意度3个指标的回答有显著差异（$F_{公平感} = 206.78$，$F_{信任感} = 51.32$，$F_{满意度} = 230.73$，$p < 0.01$）。结合均值比较得出，公平感维度，学生问卷（均值＝80.02）的数据显著高于教师问卷（均值＝51.24）与家长问卷（均值＝46.47）；信任感维度，学生问卷（均值＝

81.53）的数据显著高于教师问卷（均值＝74.19）与家长问卷（均值＝67.93）；满意度维度，家长问卷（均值＝68.57）的数据显著高于教师问卷（均值＝68.11）与学生问卷（均值＝66.15）。

总体而言，学生、家长、教师三个主体的数据显示，一级维度9个数据中有8个数据大于60，二级维度27个数据中有22个大于60，这反映出学校内部公平的总体情况处于良好的状态。虽然总体上学生与教师反映的学校公平状况情况要好于家长，但是不同主体的认知存在差异，每个维度都难以达成一致。这里反映的仅仅是数据的整体分布情况，不能反映三个主体在同一班级的一致性，下文会详细论述。

（二）学校内部公平班级指数的分布特征

1. 学生、家长、教师三类主体在同等对待、差别对待两个维度上具有较强的一致性，公平体验维度上存在一定的差异

第一部分的数据说明，班级层面上，学生、家长、教师对于学校内部公平的整体认识上均在较大的差异，那么当面对同一个班级时，三类主体之间有没有差异呢？为了解决这个问题，我们对三类主体的一级维度指数进行皮尔逊（Pearson）相关分析，结果参见表6。

表6　一级维度指数学生、家长、教师数据的相关矩阵

	均值	方差	S_A	S_B	S_C	P_A	P_B	P_C	T_A	T_B	T_C
S_A 同等对待	74.26	7.95		.690**	.839**	.285**	.459**	.079	.308**	.306**	.151
S_B 差别对待	60.51	8.58			.747**	.336**	.536**	.125	.416**	.195*	.128
S_C 公平体验	75.81	6.75				.291**	.517**	.145*	.348**	.329**	.130

（续表）

	均值	方差	S_A	S_B	S_C	P_A	P_B	P_C	T_A	T_B	T_C
P_A 同等对待	56.70	3.52					.690**	.331**	.386**	.155	.188*
P_B 差别对待	60.03	5.41						.325**	.471**	.306**	.163
P_C 公平体验	60.52	3.39							.185	.164*	–.116
T_A 同等对待	61.98	6.50								.520**	.466**
T_B 差别对待	71.05	10.15									.477**
T_C 公平体验	64.36	5.58									

注：1. $^{**}p < 0.01$（双尾）；$^{*}p < 0.05$（双尾）

2. 表格中，S代表学生，P代表家长，T代表教师，A代表同等对待维度，B代表差别对待维度，C代表公平体验维度，S_A代表学生在同等对待维度上的指数情况，以此类推。

单一主体内部，表6的数据显示，学生、家长、教师问卷内部，同等对待、差别对待、公平体验三个一级维度之间显著正相关（$p < 0.01$）。这说明单一主体内部，对于同一班级公平状况的判断具有内在一致性。

不同主体之间，表6的数据显示，学生与家长在同等对待上显著正相关（$r=0.285, p<0.01$），在差别对待上显著正相关（$r=0.536, p<0.01$），在公平体验上呈现较显著的正相关（$r=0.145, p<0.05$）；学生与教师在同等对待维度上显著正相关（$r=0.308, p<0.01$），在差别对待上显著正相关（$r=0.195, p<0.05$），在公平体验上呈现正向的弱相关（$r=0.130, p<0.05$）；学生与教师在同等对待维度上显著正相关（$r=0.386, p<0.01$），在差别对待上显著正相关（$r=0.306, p<0.05$），在公平体验上呈现负向的弱相关（$r=-0.116, p<0.05$）。这说明，在$p<0.05$的层次上，学生、家长、教师在同等对待、差别对待上具有较强的一致性，即三个主体对于同一班级的同等对待与差别对待维度上的回答具有较强的一致性；在公平体验上，学生、家长、教师之间具有较弱的一致性，甚至教师与家长之间具有一定程度上的相反意见。

2. 东部地区班级层面的公平状况要好于中西部地区，班级之间的差异也要大于中西部地区

依照东、中、西部的地理划分标准，将班级所在区域分为东部与中西部两个类别，并将东部编码为“1”、中西部编码为“2”，对数据进行分析。

将地区与三类主体一级维度进行斯皮尔曼相关分析：来源于学生的数据显示，地区与同等对待（$r=-0.236, p<0.01$）、差别对待（$r=-0.262, p<0.01$）显著负相关，地区与公平体验（$r=-0.056, p<0.01$）弱负相关；来源于家长的数据显示，地区与同等对待（$r=-0.041, p<0.01$）、公平体验（$r=-0.028, p<0.01$）弱负相关，地区与差别对待（$r=-0.266, p<0.01$）显著负相关；来源于教师的数据显示，地区与同等对待（$r=-0.117, p<0.01$）、公平体验（$r=-0.059, p<0.01$）弱负相关，地区与差别对待（$r=-0.194, p<0.05$）显著负相关。三个数据源均显示，同等对待、差别对待、公平体验均与地区呈负相关，其中差别对待与地区呈显著负相关，说明与西部相比，东部同等对待与差别对待的指数数值稍高，公平体验则会更高。结合三种数据来源的均值与数据离散程度（图2、图3、图4），我们发现：同等对待、差别对待、公平体验三个指标上，东部均值都要大于中西部地区，东部地区数据离散程度要大于中西部地区。这些数据说明，在同等对待、差别对待、公平体验三个一级维度上，东部的情况都要好于中西部地区，其中差别对待上的差距要大一些，当然东部不同班级之间的差异度也要大于中西部地区。

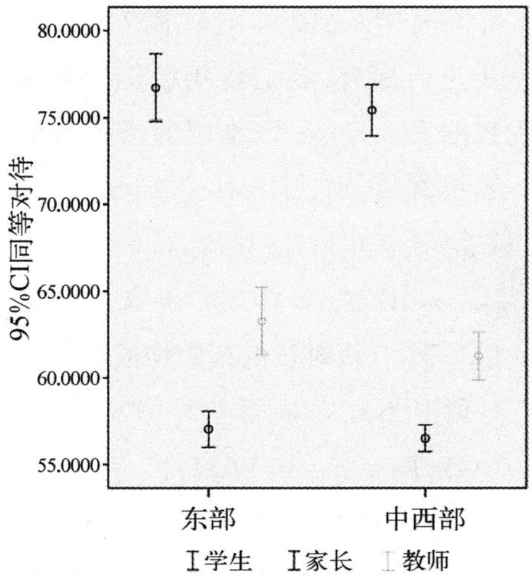

图2　同等对待维度地区误差条形图

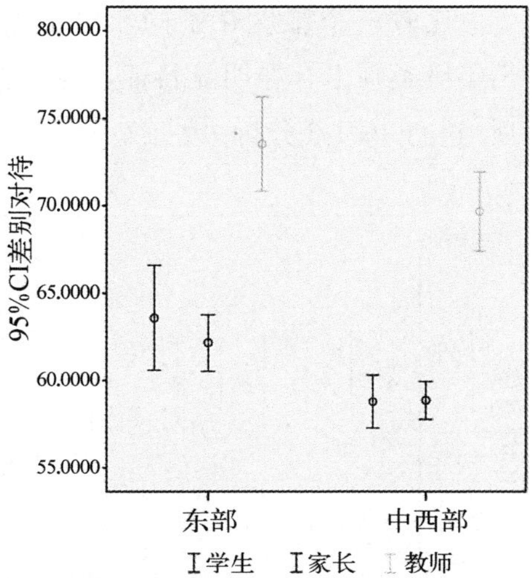

图3　差别对待维度地区误差条形图

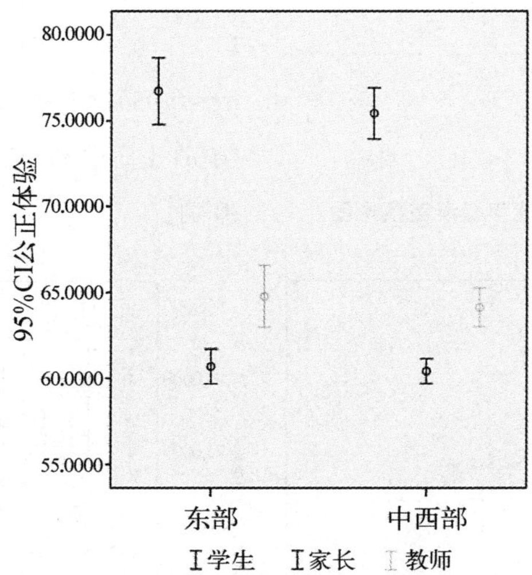

图4　公平体验维度地区误差条形图

3. 九个年级之间，学校内部公平指数没有显著差异

为了探明班级层面内部公平在年级类别上的分布情况，将年级与同等对待、差别对待、公平体验三个（学生、家长、班级）数据进行相关分析发现，学生数据中的公平体验与年级呈显著负相关（$r=-0.251, p<0.05$），教师问卷中差别对待与年级呈显著负相关（$r=-0.202, p<0.05$），其他数据均与年级呈统计意义上的弱相关。

比较三个维度在不同年级上的分布情况（参见图5、图6、图7），看不出年级类别上存在明显特征。为了进一步进行探究，我们将年级作为类别项，进行单因素分析，数据显示，在学生数据上，三个一级维度的指数均值在年级类别上不存在显著差异（$F_{同等对待}=0.335$，$F_{差别对待}=0.999$，$F_{公平体验}=1.778$，$p>0.05$）；在家长数据上，三个一级维度的指数均值在年级类别上不存在显著差异（$F_{同等对待}=0.843$，$F_{差别对待}=1.052$，$F_{公平体验}=1.453$，$p>0.05$）；在学生数据上，三个一级维度的指数均值在年级类别上不存在显著差异（$F_{同等对待}=0.898$，$F_{差别对待}=1.536$，$F_{公平体验}=1.182$，$p>0.05$）。这些数据说明，在年级类别上，学校内部公平没有显著差别。

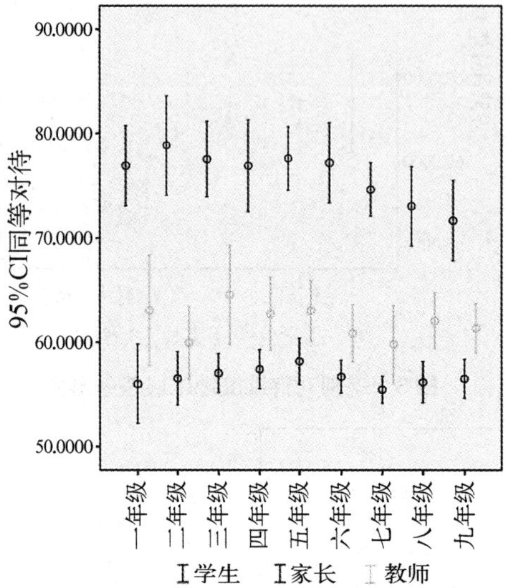

图5　同等对待维度年级误差条形图

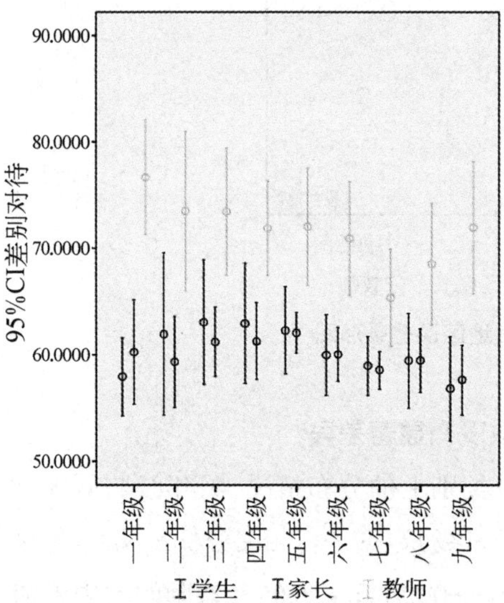

图6　差别对待维度年级误差条形图

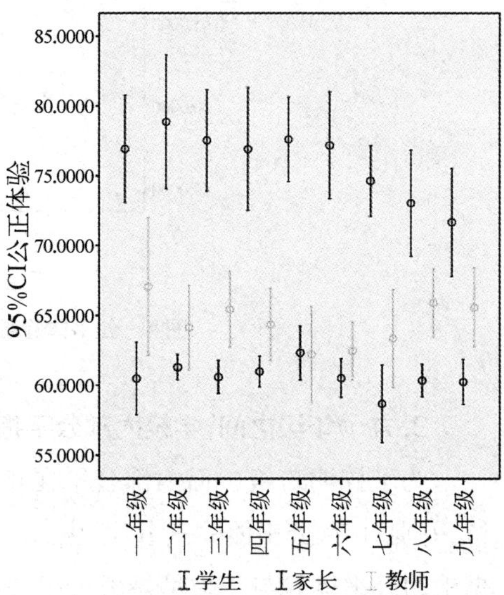

图7　公平体验维度年级误差条形图

4. 不同学校之间，同等对待、差别对待、公平体验的指数均存在显著差异

将学校下涉班级公平指数的均值作为学校公平指数。如表7所示，从不同学校之间的标准差看，同等对待、差别对待、公平体验三个维度上，不同学校之间均存在一定的差异。

表7 学校内部公平的描述统计

	学生		家长		教师	
	均值	标准差	均值	标准差	均值	标准差
同等对待	73.85	7.01	57.05	2.85	62.89	4.85
差别对待	60.44	6.35	60.85	4.48	70.78	6.34
公平体验	76.54	6.16	60.02	4.12	64.84	3.66
N＝17						

为了探究学校类别上同等对待、差别对待、公平体验三个维度的分布特征，依照填写问卷的顺序，将学校编码，进行单因素分析，数据表明：来自学生的数据显示，不同学校之间班级的同等对待、差别对待、公平体验指数的均存在显著差异（$F_{同等对待}=10.411$，$F_{差别对待}=6.614$，$F_{公平体验}=10.673$，$p<0.01$）；来自家长的数据显示，不同学校之间班级的同等对待、差别对待、公平体验指数的均存在显著差异（$F_{同等对待}=6.555$，$F_{差别对待}=9.262$，$F_{公平体验}=6.426$，$p<0.01$）；来自教师的数据显示，不同学校之间班级的同等对待、差别对待、公平体验指数的也均存在显著差异（$F_{同等对待}=5.506$，$F_{差别对待}=3.810$，$F_{公平体验}=2.210$，$p<0.01$）。综合这些因素说明，不同学校之间班级层面的公平状况存在显著差异。

（三）学生公平体验的数据分布特征与影响因素分析

本研究的研究结构中，隐含着将学生的公平体验作为结果指标，将同等对待、差别对待作为过程指标，因此本部分以学生数据为分析依据，具体分析学生公平体验的数据分布特征与影响因素。鉴于公平体验的相关问题均是在学生个体层面设计，因此本部分的分析以学生个体的公平状况为单位，而不是班级层面。

1. 学生公平体验的数据分布特征

（1）学生公平体验整体情况良好，二级指标中公平感与信任感指数较高，满意度的指数较低，不同学生之间信任感指数的差异度最大。

学生个体的公平体验包含满意度、信任感和公平感三个二级指标。如图8所示，学生信任感指数的均值是最高的，其次是公平感，最低的是满意度；从标准差看，不同学生之间，信任感的差异度最大（标准差＝17.82），满意度次之（标准差＝16.32），公平感最低（标准差＝16.08）。综合可见，学生满意度的情况最差，公平感的情况最好。

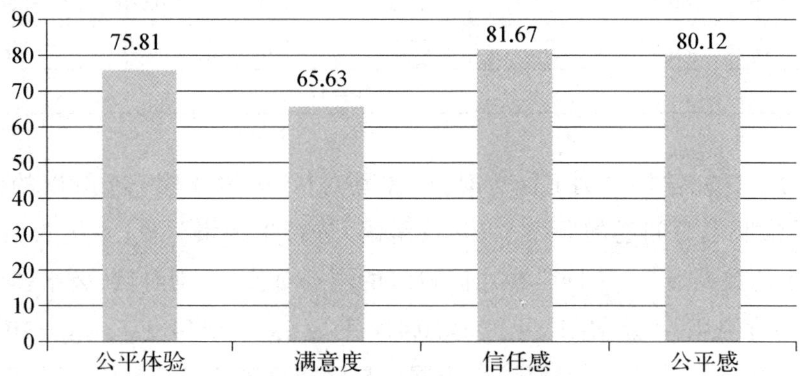

图8　公平体验及其二级指标均值

（2）中西部地区的公平体验指数高于东部，但是中西部地区的学生满意度要低于东部地区。

对比东部地区与中西部地区学生的公平体验指数及其二级指标公平感、信任感、满意度的描述统计看（如图9所示），总体上，中西部地区的公平体验指数高于东部地区，但是就学生的满意度而言，东部地区要高于西部地区；东部地区（标准差＝15.20）不同学生之间公平体验的差异度要大于中西部地区（标准差＝14.53）。进一步对东部和中西部地区指数进行单因素检验，发现公平体验、满意度及信任感存在显著差异（$F_{公平体验}=4.272$，$F_{满意度}=4.153$，$F_{信任感}=23.749$，$p<0.05$），公平感没有显著差异（$F_{公平感}=3.801$，$p>0.05$）。因此可以得出结论，东部地区的公平体验指数显著低于中西部地区；东部学生的满意度显著高于中西部地区，信任感显著低于中西部地区；东部地区不同学生之间的公平体验存在较大的差异，即有些学生的公平体验很高，有些却很不好。

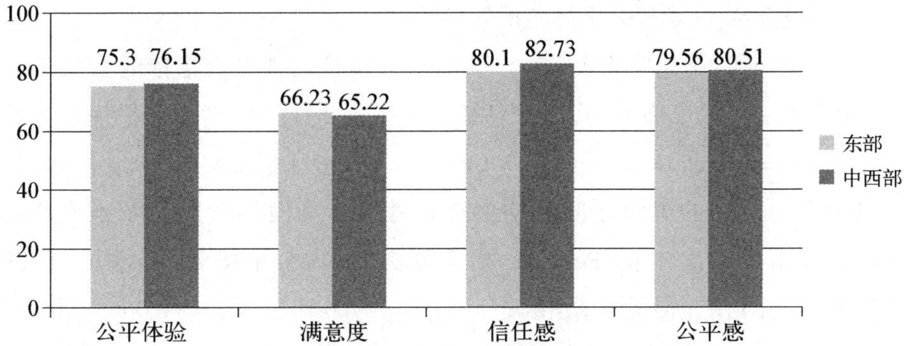

图9　公平体验指数及其二级指标的地域比较

（3）小学阶段学生的公平体验指数与年级相关度不高，初中阶段学生则随年级增加而降低。

对不同年级学生的公平体验进行描述性统计（如图10所示），可以看出初中生的公平体验指数要低于小学生。年级与学生的公平体验没有明显的线性关系。但对数据进行相关分析，证明二者有显著负相关（$r_{公平体验}=-1.55$，$p<0.01$）。对三个二级指标进行相同的统计处理，发现学生的公平体验与年级存在显著的负相关（$r_{满意度}=-0.107$，$r_{信任感}=-0.167$，$r_{公平感}=-0.155$，$p<0.01$）。综合来看，小学阶段公平体验的情况随年级的变化不明显，中学阶段则随年级增加而降低。

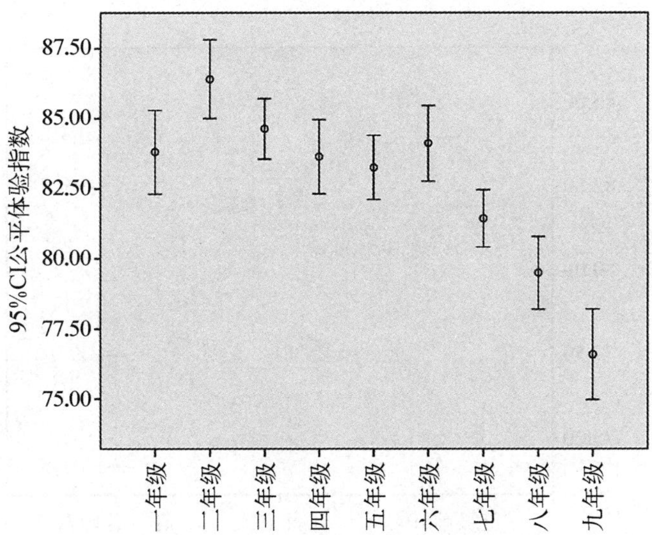

图10　公平体验指数年级分布误差条形图

（4）班额越大，学校公平体验指数越低。

我们将班额作为联系变量，与学生公平体验及其二级指标的指数进行单因素检验，发现班额不同，公平体验、公平感、信任感、满意度呈现显著差异（$F_{公平体验}=12.165$，$F_{公平感}=13.690$，$F_{信任感}=9.146$，$F_{满意度}=4.209$，$p<0.01$），这说明不同班额的班级之间的均值存在差异。班额与学生公平体验及其下涉二级指标的皮尔森（Pearson）相关分析，发现公平体验、公平感、信任感与班额之间存在显著的负相关（$r_{公平体验}=-0.042$，$r_{公平感}=-0.060$，$r_{信任感}=-0.025$，$p<0.05$），满意度与班额之间呈弱负相关（$r_{满意度}=-0.014$，$p>0.05$）。数据说明，班额越大，学生公平体验指数就越小。

（5）班级排名越靠后，学生公平体验指数越低。

将学生的成绩分为班级前10名、中间名次以及班级后10名三个层次，编码依次为“1”“2”“3”。通过描述性统计可以看出（如图11所示），无论是公平体验指数还是3个二级指标，班级前十名的学生公平体验的均值高于中间名次的学生，中间名次的学生公平体验的均值高于班级后十名的学生。进一步对学生的综合成绩和学生的公平体验进行相关分析，结果证明综合成绩与公平体验指数呈显著负相关（$r=-0.149$，$p<0.01$），综合成绩与满意度（$r=-0.067$，$p<0.01$）、信任感（$r=-0.154$，$p<0.01$）与公平感（$r=-0.133$，$p<0.01$）均呈现显著负相关。这些数据说明，随班级排名的降低，学生公平体验指数也随之降低。

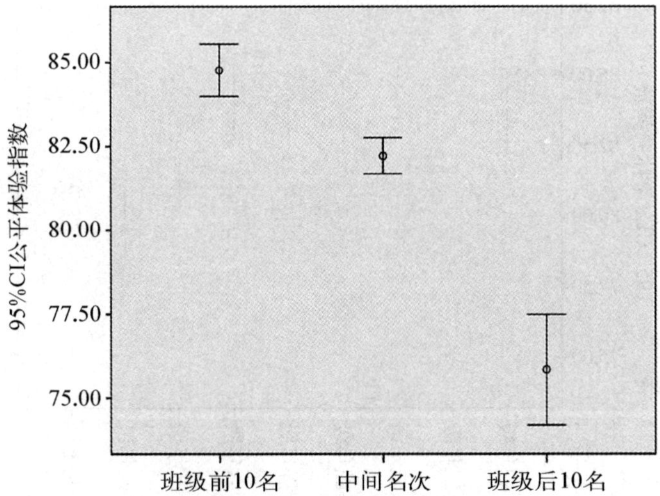

图11　公平体验指数综合成绩排名误差条形图

（6）女生的公平体验指数整体上显著高于男生。

从各项指数的均值看（如图12所示），无论是公平体验指数还是3个二级指标，女生均高于男生。进一步进行单因素检验，得出性别之间存在非常显著的差异（$F_{公平体验}=34.146$；$F_{满意度}=17.106$；$F_{信任感}=19.647$；$F_{公平感}=33.450$；所有指标$P<0.01$）。从标准差看，公平体验指数维度，男生（标准差$=15.63$）之间的差异要大于女生（标准差$=15.82$）。综合来看，女生公平体验的情况要好于男生。

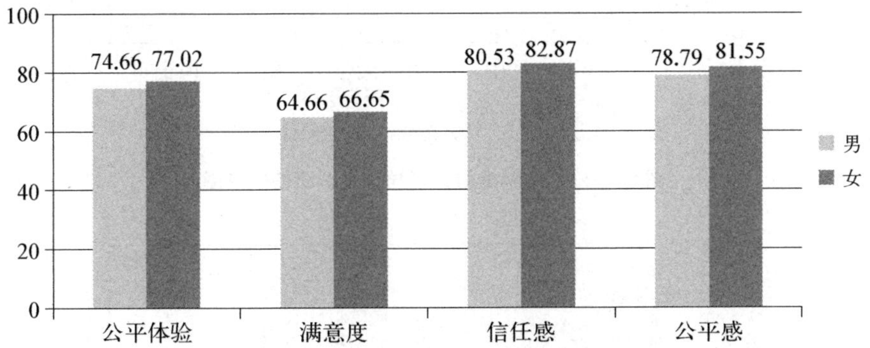

图12　男、女生公平体验及二级指标均值对比图

（7）父母受教育程度大学（本科或专科）的学生公平体验指数最高，向两侧递减。

将学生的父亲与母亲的受教育程度从低到高分为小学、初中、高中、本科、硕士、博士六类依次编码为1—6六个等级。从学生公平体验的均值与分布情况看（如图13、图14所示），父母的受教育程度与学生的公平体验不存在明显的线性关系，而是以本科为分界线，向两侧递减。单因素检验，发现父母的受教育程度不同，其子女的公平体验存在显著差异（$F_{父亲}=20.889$，$P<0.01$；$F_{母亲}=21.53$，$P<0.01$）。满意度、信任感和公平感这3个二级指标均存在显著差异。综合得出，父亲和母亲受教育程度大学（本科或专科）的学生公平体验指数是最高的，向两侧递减；父母是小学或者硕士、博士学历的学生相互之间的公平体验的差异度要大于其他学历。

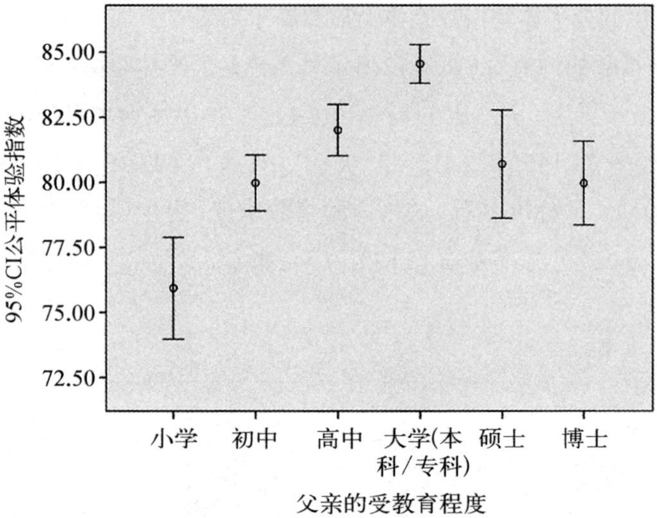

图13　公平体验指数父亲学历类别误差条形图

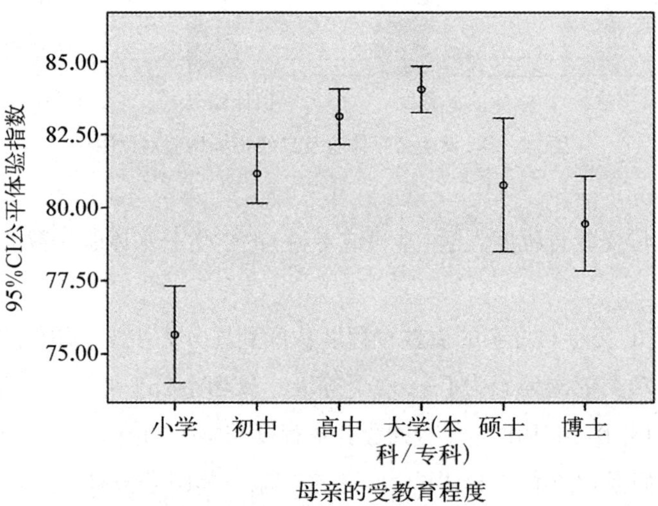

图14　公平体验指数母亲学历类别误差条形图

（8）家庭经济条件较好的学生公平体验指数高于家庭条件一般的学生。

本研究选择是否具有独立卧室作为学生家庭经济地位的衡量因素。通过公平体验的均值与分布看（如图15所示），有独立卧室的学生的公平体验要高于没有独立卧室的学生，且没有独立卧室学生公平体验指数之间的差异度要大于有独立卧室的学生。满意度、信任感和公平感的统计结果也是相同的。进行单因素检验，得出二者的公平体验指数具有显著差异（$F_{公平体验}=4.778$，$p<0.05$）。对3个二级指标进行单因素检验发现，学生的公平感有非常显著差异（$F_{公平感}=8.336$，$p<0.01$），而学生的满意度和信任感均无明显差异（$F_{满意度}=0.768$，$F_{信任感}=2.631$，$p>0.05$）。因此，可以认为具有独立卧室的学生公平体验情况要好于没有独立卧室的学生。

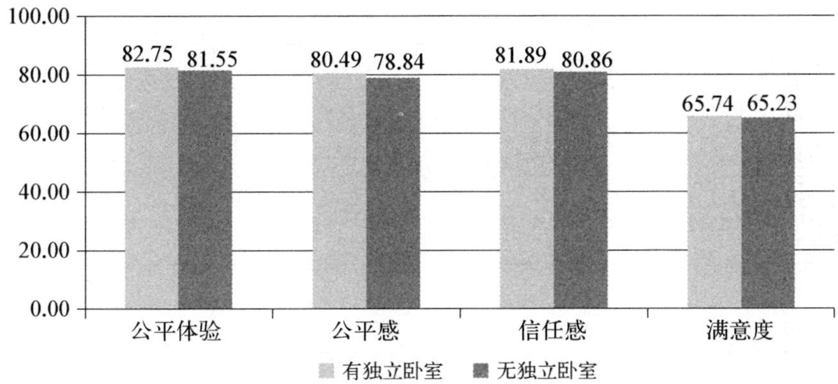

图15　有无独立卧室的公平体验及其二级指标指数均值对比图

2. 学生公平体验的影响因素分析

本研究将学生公平体验的影响因素分为背景因素与过程因素：背景因素包括学校所处的地区、年级、班额、性别、成绩、学生父母的受教育程度、家庭社会经济地位；过程因素是指学生在学校教育过程中的公平情况，即同等对待与差别对待，前者涵盖权利尊重、机会获得、资源享有三个维度，后者涵盖兴趣适应、能力适应、个性包容三个维度。上文已经探明背景因素与过程因素众多因素与学生公平体验之间的相关性，本文直接通过逐步回归分析的方式，以此加入背景因素、同等对待、差别对待三类变量，建立模型1、模型2与模型3（如表8所示）。

表8　学生公平体验影响因素回归分析模型汇总

类　别	模　型		
	1	2	3
地　区	.038*	.038	0.005
年　级	–.153**	–.153**	–.140**
班　额	–.039*	–.039*	.003

（续表）

类别	模型		
	1	2	3
班级教师数	.028	0.028	.025*
性　别	.087**	0.087	.018
成　绩	−.127**	−.127**	−.035**
家庭经济情况	−.043*	−.043	−.009
母亲学历	−.023	−.023	−.016
父亲学历	.038	.038	.015
权利尊重		.371**	.331**
机会获得		.392**	.329**
资源享有		.115**	.104**
兴趣适应			.005
能力适应			.109**
个性包容			.082**
R^2	.053	.626	.644
调整后R^2	.050	.625	.642
F	23.307**	525.422**	452.695**
df	(9,3776)	(12,3776)	(15,3776)

注：*P＜0.05，** P＜0.01

如表8所示，从回归模型的结果看，模型1的F＝23.307（P＜0.01），模型2的F＝525.422（P＜0.01），模型3的F＝452.695（P＜0.01），说明三个模型涉及的因素对学生公平体验具有实质性影响。模型1、模型2、模型3的R^2达到了0.05～0.642，并通过了P＜0.01的检验，这说明进入分析的所有变量对学校公平体验总体变异程度的解释达到了64%左右，也间接说明本研究的框架对学校内部公平的解释度达到了比较高的水准。本研究原则上接受模型3，但也会参考模型1与模型2做出的结论。

（1）过程因素（同等对待、差别对待）是影响学生公平体验差异的核心因素，背景因素对学生公平体验有一定的影响。

从模型1、模型2到模型3（如表8所示）调整后的R^2从0.05、0.625到0.642，意味着背景因素、同等对待、差别对待三类因素对学校公平体验差异的解释度依次为5%、62.5%、64.2%，这说明同等对待与差别对待是影响学生公平体验的核心因素。另外，除了兴趣适应（$\beta=0.055$，$P>0.05$）之外，同等对待、差别对待对学校公平体验的影响均居于前七位，且均通过$P<0.01$的显著性检验。这说明，背景因素对学生公平体验有一定的影响，但是过程因素才是影响学生公平体验核心因素。

（2）权利尊重与机会获得是影响学生公平体验的关键因素。

在所有自变量中，权利尊重（$\beta=0.331$，$P<0.01$）、机会获得（$\beta=0.329$，$P<0.01$）与学生公平体验之间关联性最高，且两者的β值要远大于其他自变量。这说明权利尊重与机会获得是影响学生公平体验的关键因素。进一步而言，在学校教育过程中，学校与教师尊重学生校务知情权、学校决策参与权、学生干部的推选权、平等学习权、得到教师尊重的权利、参与活动的权利，给予平等的担任学生岗位、发言、参与讨论、作业、参与活动、得到教师帮助的机会，将会显著提高学生的公平体验。

（3）能力适应、资源享有、个性包容是影响学生公平体验的重要因素。

自变量能力适应（$\beta=0.109$，$P<0.01$）、资源享有（$\beta=0.104$，$P<0.01$）、个性包容（$\beta=0.082$，$P<0.01$）与学生公平体验有较强的关联。这说明，能力适应、资源享有、个性包容是影响学生公平体验的重要因素。换而言之，学生公平体验比较好的班级，能够比较高地照顾学习困难学生、兼顾超长学生的特殊需要且能够依据学生的能力进行分层管理、分层作业、弹性评价与弹性课程，能够相对比较好地让学生享有充分且平等的教师资源、课程资源、教学资源与活动资源，能够一定程度上容许学有余力的学生自主安排学习、个性化表达或发表不同见解、拒绝参加活动。

（4）年级、成绩、班级教师数也是影响学生公平体验的重要因素。

在背景因素中，年级（$\beta=-0.14$，$P<0.01$）对学生公平体验的影响程度居于所有自变量的第三位，高年级学生的公平体验要低于低年级学生，这可能与学生自主意识的萌芽、需求的增加、学习压力相关，也可能与高年级班级管理、课程、教学、活动方式与风格相关。另外，成绩（$\beta=-0.035$，$P<0.01$）、班级教师数（$\beta=0.025$，$P<0.05$）对学生公平体验具有一定的影响，成绩好的学生公平体验更好，班级教师数多的班级学生公平体验更好。这说明，成绩好的学生在教育过程中更能得到公平的对待；班级教师数多的班级，教

师更能照顾到每个学生的感受。

除了上述这些自变量外，值得一提的是，在模型1与模型2中，班额与学生公平体验具有比较明显的关联性影响，但是随着模型3中加入差别对待的因素，班额的显著性不足了，可能的解释是班额在差别对待中被消解了，说明班额可能对学生公平体验整体上可能有一定的影响；学校教育中，兴趣适应一直是教育学者与一线教师强调的重要因素，但是本研究的数据显示其对学生公平体验的影响非常有限；父母学历中，父亲学历对学生的公平体验产生正向的影响，母亲学历对学生的公平体验产生的却是负向影响，即父亲学历越高，孩子的公平体验越好，但母亲学历越高，孩子的公平体验越低。

六、结论

无论是教育公平自身的发展趋势，还是学校教育内涵式发展的时代需求，都要求教育公平研究需要由以"起点公平"为核心的研究转向以"过程公平"为主、兼顾"起点公平"的研究，其中学校内部公平是最重要的切入点之一。因为它不仅反映了学生在学校日常管理、课程、教学、活动中享有的对待，也反映了学校对学生学习需求的满足程度，也可看作衡量学校教育质量的另一种指标。正如本研究所发现的，在全国范围内，无论是东部还是中西部，无论是小学还是初中，学校内部公平整体水平只是处于及格的水平，并不是每个学生都能在学校得到平等的、合适的、满足学习需求的待遇，教育公平的实际状况离理想状态还有很远的差距。

本研究依据政治哲学的分配正义、承认正义理论，结合学校教育的具体工作，构建了学校内部公平的分析框架，分析框架由"人际对待"维度（同等对待、差别对待、公平体验）和"活动领域"维度（管理与领导、课程与教学、班级与活动）构成。访谈与问卷调查的数据显示，分析框架基本能够反映学校内部公平的状况，具有较高的合理性与解释力。

来源于学生、家长、教师问卷数据显示，班级层面反映学校内部公平的总体情况处于良好的状态。三类主体在同等对待、差别对待两个维度上具有较强的一致性，公平体验维度上存在一定的差异，总体上学生与教师反映的学校公平状况情况要好于家长，说明不同主体对于学校内部公平状况的认知存在差别。东部地区班级层面的公平状况要好于中西部地区，班级之间的差异也要大于中西部地区，说明东部学校在过程公平上的工作要好于中西部。最后，不同学校之间，同等对待、差别对待、公平体验的指数均存在显著差异，这说明学校管理与文化氛围可能是影响学校内部公平的重要因素。

基于学生问卷的数据发现，学生公平体验整体情况良好，学生公平感与信任感指数较高，满意度的指数较低，说明整体上学校对学生满意度关注不够。不同学生之间差异度比较大，体现为中西部地区的公平体验指数高于东部地区，班级排名靠后的学生公平体验指数低于靠前的学生，家庭经济条件较好的学生公平体验指数高于家庭条件一般的学生。这说明因为种种原因，依旧有部分同学认为自己受到了不公正的待遇。通过回归模型发现，过程因素(同等对待、差别对待)是影响学生公平体验差异的核心因素，背景因素对学生公平体验有一定的影响，其中权利尊重与机会获得是影响学生公平体验的关键因素，能力适应、资源享有、个性包容、年级、成绩、班级教师数是影响学生公平体验的重要因素。这说明，当前学生最在乎是同等对待与差别对待，也说明学校在这方面工作还有继续改善的余地，因此学校有必要通过关注尊重学生、合理分配学习机会、提高学校资源的共享性以及基于学生能力、个性的课程、教学、活动安排，减轻高年级学生的压力，增加班级教师，减少成绩影响等方法，进一步提高学生的公平体验。

总之，关注学校内部公平的价值与意义在于，它兼顾了学校教育公平中的起点公平、过程公平与结果公平，能够更好地解释学生由入学到毕业差异产生的原因，这需要高度关注学生对公平的主观感受，并将其作为判断教育公平的重要标准。恰如本研究所得出的结论，义务教育阶段学生最需要的是权利尊重与机会获得，即把学生作为有权利的主体，给予每个学生平等的发展机会。因此，学校应该在最大限度提供学习机会与学习资源的同时，关注其合理分配的问题，并能在师生互动中尊重学生，以此提高学生感知到的教育公平。将这一思路延伸下去，我们将继续探讨基于同等对待的差别对待怎样才能做到恰如其分？如何才能在保证公平对待的同时保证教育的质量和水平不受影响？怎样才能让学校内部公平指数评测对学校的实际公平状况既能检出又能推动？我们衷心期待：无论是学校内部公平状况，还是对学校内部公平的研究，都能在“期望值”与“实现度”之间保持美妙的动态平衡。

（本报告为华东师范大学教育学部资助的“学校内部公平指数研究”课题的结题报告，课题组主要成员有杨小微教授、程亮教授、黄忠敬教授、徐冬青副教授，博士生李学良、王娟、杨婷，硕士生冉华、张文景、张萌等。教育学部谢蓉老师、上海范尔网络科技有限公司在数据处理上给予了重要支持，在此一并表示感谢！）

后 记

在广泛搜集资料的基础上，结合对乡村教育的调研考察，写作小组经过多次研讨，确定了本书的基本立意和大体框架，为方便阅读、研讨和培训，把内容组织成专题形式，每个专题都有导入和后续活动，以微型问卷、微电影等方式引发学习兴趣；专题内容中还穿插一些案例，适时引发思考。本书力图把轻松阅读与深入思考、实际操作与理性反思、他人经验与本土创新有机地结合起来，使之成为一个深入探究与有序拓展的沟通交流和研讨的平台。

本书由杨小微负责策划和组织，冉华和张萌先后统稿，冉华撰写了第一、第三专题，张萌撰写了第二专题，杨婷、李学良分别撰写了第四、第五专题，在此向他们表示感谢。华东师范大学出版社的编辑对本书做了专心尽责的编辑工作，还有许多为本书作出贡献的同事和朋友，在此一并致谢！欢迎和期待广大读者朋友不吝赐教！

杨小微

2021年4月